BIBLIOTHÈQUE
DE PHILOSOPHIE CONTEMPORAINE

SOCIALISME

ET

PROBLÈMES SOCIAUX

PAR

EUGÈNE D'EICHTHAL

SOCIALISME SCIENTIFIQUE
SOCIALISME ÉLECTORAL
SOCIALISME D'ÉTAT, IDÉALISTE
SOCIALISME ET DÉVOUEMENT SOCIAL
ESTHÉTIQUE SOCIALE

PARIS

ANCIENNE LIBRAIRIE GERMER BAILLIÈRE ET Cⁱᵉ
FÉLIX ALCAN, ÉDITEUR
108, BOULEVARD SAINT-GERMAIN, 108

1899

EXTRAIT DU CATALOGUE

H. Taine.
losophie de l'art dans les
Pays-Bas, 2e édit.

Paul Janet.
Matérialisme cont. 6e éd.
los. de la Rév. franç. 5e éd.
origines du socialisme
contemporain, 3e édit.
philosophie de Lamennais.

J. Stuart Mill.
guste Comte, 6e édit.
tilitarisme. 2e édit.
resp. avec G. d'Eichthal.

Herbert Spencer.
ssification des scien. 6e éd.
ndividu contre l'État. 4e éd.

Th. Ribot.
Psych. de l'attention, 4e éd.
Philos. de Schopen. 6e éd.
Mal. de la mém. 12e édit.
Mal. de la volonté. 12e éd.
Mal. de la personnalité7e éd.

Hartmann (E. de).
Religion de l'avenir. 4e éd.
Darwinisme, 6e édit.

Schopenhauer.
i sur le libre arbitre, 7e éd.
d. de la morale, 6e édit.
sées et fragments, 13e éd.

H. Marion.
ke, sa vie, son œuvre. 2e éd.

L. Liard.
leiens angl. contem. 3e éd.
nitions géomét. 2e éd.

Leopardi.
scules et Pensées.

Stricker
angage et la musique.

A. Binet.
psychol. du raisonnement.

Gilbert Ballet.
angage intérieur. 2e édit.

Mosso.
eur. 2e édit.
atigue. 2e édit.

G. Tarde.
riminalité comparée. 4e éd.
transform. du droit. 2e éd.
lois sociales. 2e éd.

Ch. Féré.
scescence et criminal.
ation et mouvement.

Ch. Richet.
siologie générale. 2e éd.

J. Delbœuf.
ère brute et Mat. vivante

A. Bertrand.
Psychologie de l'effort.

Guyau.
enèse de l'idée de temps.

Lombroso.
L'anthropol. criminelle. 3e éd.
Nouvelles recherches de psy-
chiat. et d'anthropol. crim.
Les applications de l'anthro-
pologie criminelle.

Tissié.
Les rêves, 2e édit.

J. Lubbock.
Le bonheur de vivre. (2 vol.)
L'emploi de la vie, 2e édit.

E. de Roberty.
L'inconnaissable.
Agnosticisme, 2e édit.
La recherche de l'unité. 2e éd.
Aug. Comte et H. Spencer.
Le Bien et le Mal. 2e éd.
Le psychisme social.
Les fondements de l'éthique.

Georges Lyon.
La philosophie de Hobbes.

Queyrat.
L'imagination et ses variétés
chez l'enfant. 2e édit.
L'abstraction dans l'éducation
intellectuelle.
Les caract. et l'éduc. morale.

Wundt.
Hypnotisme et suggestion.

Fonsegrive.
La causalité efficiente

P. Carus.
La conscience du moi.

Guillaume de Greef.
Les lois sociologiques. 2e édit.

Gustave Le Bon.
Lois psychol. de l'évolution
des peuples. 3e édit.
Psychologie des foules. 3e éd.

G. Lefèvre.
Obligat. morale et Idéalisme.

G. Danville.
Psychologie de l'amour.

G. Dumas.
Les états intellectuels dans
la mélancolie.

Durkheim.
Règles de la méthode sociolog.

P. F. Thomas.
La suggestion et l'éduc. 2e éd.
La morale et l'éducation.

Dunan.
Théorie psychol. de l'espace.

Mario Pilo.
Psychologie du beau et de l'art.

R. Allier.
Philosophie d'Ernest Renan.

Lange.
Les émotions.

E. Boutroux.
Contingence des Lois de
nature. e édit.

L. Dugas.
Le Psittacisme.
La Timidité.

C. Bouglé.
Les sciences soc. en Alle

Marie Jaëll.
Musique et psychophysiol.

Max Nordau.
Paradoxes psycholog. 3e éd
Paradoxes sociolog. 2e édit
Génie et talent. 2e édit.

J. Lachelier.
Fondem. de l'induction. 3e é

J.-L. de Lanessan.
Morale des philos. chinois

G. Richard.
Socialisme et science social

F. Le Dantec.
Le Déterminisme biologiqu
L'Individualité.

Florens-Gevaert.
Essai sur l'art contemporai
La tristesse contemporaine.

L. Dauriac.
Psychologie dans l'Opéra.

A. Cresson.
La morale de Kant.

Enrico Ferri.
Les criminels dans l'art et
littérature.

J. Novicow.
L'avenir de la race blanch

G. Milhaud.
La certitude logique. 2e é
Le rationnel.

Herckenrath.
Esthétique et morale.

F. Pillon.
Philos. de Ch. Secrétan.

H. Lichtenberger.
Philos. de Nietzsche. 3e é

G. Renard.
Le régime socialiste. 2e

Ossip-Lourié.
Pensées de Tolstoï.
La philosophie de Tolst

M. de Fleury.
L'âme du criminel.

Anna Lampérièr
Le rôle social de la f

P. Lapie.
La justice par l'État

Eug. d'Eichth
Social. et problèmes

SOCIALISME

ET

PROBLÈMES SOCIAUX

DU MÊME AUTEUR

Socialisme, communisme et collectivisme, 1 vol. in-18, Guillaumin et Cⁱᵉ, 1892.

La participation aux bénéfices, brochure in-8, Guillaumin et Cⁱᵉ, 1892.

Un projet de loi sur l'arbitrage industriel, brochure in-8, Guillaumin et Cⁱᵉ, 1892.

Souveraineté du peuple et Gouvernement, 1 vol. in-18, F. Alcan, 1895.

Alexis de Tocqueville et la démocratie libérale, 1 vol. in-18, Calmann Lévy, 1897. Couronné par l'Académie française.

Correspondance inédite de John Stuart Mill avec Gustave d'Eichthal, 1 vol. in-18, F. Alcan, 1898.

SOCIALISME

ET

PROBLÈMES SOCIAUX

PAR

EUGÈNE D'EICHTHAL

> SOCIALISME SCIENTIFIQUE
> SOCIALISME ÉLECTORAL
> SOCIALISME D'ÉTAT IDÉALISTE
> SOCIALISME ET DÉVOUEMENT SOCIAL
> ESTHÉTIQUE SOCIALE

PARIS

ANCIENNE LIBRAIRIE GERMER BAILLIÈRE ET Cⁱᵉ

FÉLIX ALCAN, ÉDITEUR

108, BOULEVARD SAINT-GERMAIN, 108

—

1899

PRÉFACE

Un observateur attentif, ignorant du socialisme contemporain, aurait pu, par avance, de l'enchaînement des faits économiques et politiques du siècle, déduire le caractère que devaient revêtir de notre temps les revendications sociales. L'organisation de la grande industrie, le rapprochement et l'amoncellement des hommes dans les centres urbains, l'expansion de la science, la liberté de la presse, la diffusion de l'instruction élémentaire, et enfin le suffrage universel lui auraient fourni les jalons nécessaires. Il aurait pu tracer les grandes lignes du socialisme dit scientifique ou matérialiste, tel que Marx et ses successeurs ont achevé de le mettre en formules et tel qu'il nous est revenu d'Allemagne ; du socialisme électoral qui, sous diverses étiquettes et avec des nuances dans les programmes, cherche actuellement à envahir le pays légal devenu l'universalité des citoyens, en invoquant pour la forme les thèses du socialisme à formules scientifiques. Il aurait pu deviner pourquoi ces deux sortes de socialisme, poursuivant dans leurs visées très positives un même but qui est la réforme radicale et violente de la société au profit des intérêts de certains de ses membres devenus puissants par leur nombre, devaient prendre la place du socialisme humanitaire, vague dans ses desseins, mais à vues vastes et généralisatrices, qui fut celui de nos pères. Il aurait été à même aussi de prévoir la naissance d'un socialisme, relativement récent en France, qui s'est d'abord nommé « socialisme de la chaire » en Allemagne, et qui tend à se présenter actuellement chez nous sous le nom de « socialisme d'État idéaliste », avec des apparences philosophiques abstraites, tout en poursuivant dans l'État des réformes très concrètes.

Aujourd'hui nous n'avons plus à accomplir le travail conjectural auquel aurait pu se livrer cet observateur sagace. Les conjectures sont devenues des faits, soumis, en tant que faits, à l'observation et à l'analyse directe. Celle-ci, appliquée aux manifestations les plus récentes des doctrines, constate tout d'abord qu'actuellement le socialisme dit scientifique s'est fait, au point de vue de sa théorie, assez insaisissable. Le collectivisme marxiste a, depuis quelques années, été vivement attaqué dans la plupart de ses formules fondamentales par des docteurs devenus critiques de l'école à laquelle ils s'étaient tout d'abord rattachés. Ils ont fait ressortir et condamné l'*a priori* d'affirmations non justifiées par les réalités. La théorie de la *survalue* et la *loi d'airain*, bases de tout le système, ont été abandonnées en partie ; et par là le système lui-même, qui prétendait n'être qu'une déduction logique d'un principe irréfutable, a été ébranlé jusque dans ses piliers. Dans une des études qu'on va lire, nous avons signalé sommairement cet écroulement successif du marxisme sous les coups des commentateurs sortis de ses flancs : mais nous n'avons pas voulu reprendre après tant d'autres une démonstration théorique en règle des erreurs de Marx. Nous avons simplement ajouté aux réfutations doctrinales entreprises ailleurs[1], quelques ré-

1. Voir surtout le *Collectivisme* de M. P. Leroy-Beaulieu : nous

flexions d'observation courante, constaté combien peu les données du soi-disant *matérialisme social* s'accordent avec les faits constants des entreprises collectives ; combien celles-ci analysées dans leurs faits fondamentaux et comme dans leur ossature, s'écartent des constructions du collectivisme auxquelles on a voulu les faire servir de modèles. Le collectivisme semble avoir fermé les yeux aux choses réelles pour s'enclore dans des formules dont la base expérimentale a été insuffisamment étudiée et que les faits, qu'elles avaient devancés, ont démenties. Pour juger ce qu'il pourrait être il faut aller le chercher non dans la réalité où il n'existe pas, mais dans les rares publications où des « convaincus » ont décrit ce que devrait être son organisation. Nous avons pensé qu'il n'était pas inutile, en analysant une production récente d'un des auteurs socialistes les plus autorisés, de rappeler à quelles utopies ou à quels enfantillages aboutissent ces essais de réalisation théorique.

Après le socialisme à prétentions scienti-

avons nous-même critiqué le marxisme dans le petit volume : « Communisme, socialisme et collectivisme ». Guillaumin, éd.

fiques, nous avons considéré brièvement le socialisme sous une des pires formes qu'il puisse prendre : celle dont il s'est revêtu sous nos yeux, une fois de plus, grâce au suffrage universel, dans les dernières élections parlementaires. Devenu surtout un moyen de recherche de popularité, pour hisser ses partisans aux conseils électifs, au Parlement et de là aux fonctions d'État, le socialisme a perdu dans son contact avec le suffrage universel ce qui dans le passé lui donnait une certaine grandeur de désintéressement et de dévouement aux objets nobles de l'humanité ; ce qui, même sous la plume acérée de Marx, lui laissait une apparence philosophique imposante dans sa généralité et sa cohésion apparente. Il s'est transformé en une excitation et un assouvissement promis ou espéré d'appétits peu louables, en une perpétuelle surenchère de mendicité d'État faite pour amener les électeurs aux candidats. Sous cette forme on aperçoit bien ses détours, ses bassesses, son action déprimante et désorganisatrice de l'État : il est impossible de découvrir ce qu'il renferme de bon pour l'individu ou la société.

Si pour réussir auprès des masses il a pris

cet aspect simpliste d'un marchandage de sollicitations et de promesses électorales, le socialisme vise, dans d'autres sphères plus intellectuelles, à un idéalisme plus élevé. Depuis que le suffrage universel lui a donné une actualité en quelque sorte permanente, beaucoup de personnes qui naguère s'occupaient d'études différentes, et parmi elles un grand nombre de jeunes lettrés, croient avoir découvert la « question sociale », et en même temps lui trouvent de multiples solutions. Les uns sont pour le « socialisme » tout court, les autres pour le « socialisme d'État », d'autres pour la « solidarité sociale », d'autres pour la simple « politique sociale »; très peu osent reconnaître que la question sociale est vieille comme le monde, car elle est la question des inégalités et des souffrances sociales qui ont existé de toute éternité, Ce qui a varié, ce sont les conditions dans lesquelles la question sociale se présente ou s'impose à l'attention publique.

Par là elle est bien plutôt une question de faits qu'une question de principes : on peut poser de ces derniers tant qu'on en voudra, et on n'y manque pas, et ils seront plus ou moins justes par leur point de départ; ils n'auront d'intérêt au point de vue pratique que s'ils s'accordent avec les nécessités de la production industrielle et de l'ordre politique nouveaux : et comme les modifications dans ces deux domaines ne peuvent être que lentes, partielles et successives, dépendant beaucoup plus du progrès de la science, des idées et des mœurs, que des projets plus ou moins improvisés des réformateurs, il s'ensuit que la question sociale reste elle-même une question ouverte, d'où les solutions *en bloc*, et en quelque sorte universelles, doivent *a priori* être écartées en tant que simples, sinon inoffensives, chimères.

C'est ce que n'admettent pas les partisans du « socialisme d'État idéaliste », qui actuellement, sous l'influence de causes diverses, cherche à se répandre dans certaines régions du haut enseignement. Mûs par un désir bien naturel de justice dans les choses humaines et blessés par le spectacle du monde de la production tel qu'il est, habitués d'autre part par notre enseignement classique et philosophique à l'absolu des formules et à la rigueur des déductions logiques, quelques esprits brillants parmi nos lettrés d'Université croient pouvoir appliquer aux matières sociales les procédés d'étude de la métaphysique, se placer par un simple travail de l'intelligence et sans tenir compte de la complexité et de la relativité des faits humains, en face d'une vérité abstraite ; puis en déduire par une argumentation dialectique les conséquences sociales, avec les rigueurs d'enchaînement d'une géométrie ou d'une théologie. Nous ne connaissons pas de danger plus grand pour l'équilibre intellectuel des jeunes générations que cette invasion menaçante de l'esprit philosophique métaphysique dans les matières économiques et sociales. On a bien des fois dénoncé le rôle de l'esprit classique dans nos révolutions politiques et signalé l'influence qu'avait exercée l'habitude de l'abstraction rationnelle sur nos institutions gouvernementales. Je crois l'un et l'autre beaucoup plus périlleux encore sur le terrain social. Ils s'adressent ici non plus seulement aux raisons qui raisonnent (privilège d'une minorité) mais aux corps et aux cœurs qui souffrent, c'est-à-dire l'immense majorité. Ils leur fournissent en apparence des satisfactions bien tentantes de logique et de justice, quitte, si les systèmes préconisés passaient dans la pratique, à laisser le monde dans un état d'anarchie et de désorganisation économique auprès duquel l'état actuel pourrait passer pour un paradis, — dont il est en réalité fort loin.

Rien n'est en effet plus différent de la véritable science sociale que la métaphysique sociale. Celle-ci vit d'abstractions et refait le monde pour le conformer aux désirs ou aux exigences des cœurs et des cerveaux. Celle-là se fonde sur l'observation des faits et tire ses conclusions exclusivement de l'observation. Est-ce à dire que pour être prudente dans ses affirmations, en vertu même de sa méthode, elle repousse *a priori* le progrès social et fasse de l'espérance des réformes humanitaires un mythe? Ce serait prouver qu'elle est infidèle à son principe. Une impartiale observation des faits, soit dans le passé, soit dans le présent, conduit déjà la science sociale, si loin qu'elle soit de son achèvement, à des conclusions absolument opposées au pessimisme qu'on a si amèrement et souvent injustement reproché à certains maîtres de l'économie politique. En se défendant de l'utopie, la science sociale constate dans l'histoire de l'évolution humaine

une série de circonstances propres à lui faire
envisager un avenir relativement satisfaisant
pour la société, si celle-ci comprend ses véritables destinées et se défend à la fois de l'impatience qui compromet le progrès et de l'indifférence qui l'immobilise. La civilisation est
la réalisation successive des merveilles produites par là coordination des efforts humains,
coordination qui n'a pas toujours été libre, ni
équitable, ni même bien appropriée aux aptitudes ou aux aspirations de chacun, qui a été
subordonnée à bien des nécessités fatales ré-
sultant d'un système général organisé en vue
de la guerre offensive ou défensive, mais qui
tend, en suivant les progrès de la civilisation
elle-même, à se réaliser dans des conditions
plus favorables à la liberté, à la justice, à la
solidarité bien comprise.

Elle est encouragée dans ses espérances par
le développement qu'elle constate d'un sentiment dont les racines dans l'humanité sont
anciennes, mais qui acquiert chaque jour, du
moins sous sa forme contemporaine, une intensité nouvelle, je veux dire : cet amour du
bien ou du mieux collectif qu'on a défini du
terme assez barbare *d'altruisme*, et qui, par

bien des côtés, est un phénomène digne d'être
étudié dans son essence et ses modalités, car
nul n'a et n'aura plus d'influence sur l'avenir
social. On le retrouve à l'état d'instinct, souvent mal compris, dans les tendances socialistes de tant de nos concitoyens, et il en
forme, même à l'état d'erreur, la seule partie
vraiment digne d'intérêt et de sympathie,— et
on le retrouve à l'état de principe vital, ré-
clamant l'investigation scientifique à l'égal
des autres éléments biologiques, dans les
considérations des meilleurs de nos sociologues.

Nous avons suivi brièvement ceux-ci dans
leur analyse de cette flamme de collectivité
qui, sous diverses formes, et à mesure que
s'éteignent d'autres sources de chaleur,
semble passionner de nouveau les âmes humaines pour les œuvres de communauté ; qui
les égare quelquefois dans le sophisme ou la
chimère dangereuse pour l'idéal même qu'elles
poursuivent, mais qui n'en est pas moins un
foyer précieux de dévouement et d'activité, le
seul qui puisse remplacer dans les sociétés de
demain ceux que le progrès des sciences positives a refroidis, le seul qui doive réchauffer

les cœurs et les esprits tout en les éclairant de la pleine lumière de la raison.

« A la recherche de motifs de vivre, qui vaillent la peine de vivre, » c'est ainsi qu'on pourrait définir le souci perpétuel de ceux qui songent à l'avenir des sociétés ; qui, dans l'épuisement ou l'affaiblissement des anciennes sources d'espérances religieuses, sont effrayés des tendances que déchaînerait la convoitise des biens matériels, si elle n'était guidée ou contenue par des mobiles de catégorie différente. Ceux-là ne trouvent ni dans l'économie politique pure, ni dans le socialisme, de quoi suppléer aux impulsions morales ou sentimentales, indispensables aussi bien que l'amour du lucre à la vie des sociétés ; ils sentent la nécessité de contrebalancer celui-ci dans quelques-unes de ses manifestations, si le monde ne doit pas devenir une simple mêlée d'intérêts et d'ambitions où l'impatience de nouveaux succès ou de nouvelles acquisitions, à tous les degrés de l'échelle sociale, détruirait à tout jamais la paix et la joie. Pour nous, il nous a semblé — et cela est l'objet d'une de nos études, — apercevoir dans la *socialité* ou l'esprit de dévouement social, analysé et justifié par la sociologie, en dehors de toute vue mystique, et en dehors du socialisme proprement dit, une de ces sources de devoir et de satisfaction, d'apaisement et de vie, indispensables à l'humanité de demain.

Il en existe une autre dans l'amour et dans la pratique du beau. Là encore des observateurs attentifs peuvent découvrir pour l'humanité un renouveau d'émotions bienfaisantes à la fois pour l'individu et pour la collectivité. La « religion de la beauté » : ce n'est pas simplement un titre séduisant, c'est une vérité qui devient saisissante si l'on se pénètre des conditions dans lesquelles l'art, digne de ce nom, se produit et se popularise, des merveilles que son passé nous a léguées et dont l'admiration rattache déjà un grand nombre d'hommes dans une commune ferveur, des promesses de son avenir qui, à mesure que l'art contemporain se rapproche de la nature et que la culture générale augmente, lui préparent un culte plus universel. S'il est vrai qu'une élite d'hommes, ou même simplement qu'une catégorie d'hommes suffisamment préparés par leur éducation, quelques-uns n'ayant que des loisirs restreints, jouissent profondément des œuvres d'art sous leurs différentes formes, mettent au niveau ou au-dessus de leurs autres jouissances celles qu'ils puisent dans la pratique ou simplement dans le contact des productions artistiques, et en même temps trouvent dans cette pratique ou ce contact un perpétuel ennoblissement de leur nature, un perpétuel réchauffement de sympathie pour les hommes et les choses dont l'art est le miroir et comme l'écho vibrant, pourquoi ne pas admettre que cette influence bienfaisante ira grandissant et s'étendant au fur et à mesure que s'étendra et grandira la civilisation ?

C'est par là que l'art touche à la sociologie. Celle-ci restreindrait beaucoup trop le champ de ses investigations et aussi de ses espérances légitimes, si elle excluait de son domaine l'art. Plusieurs penseurs récents en ont eu le sentiment profond : il est intéressant d'apercevoir réunis dans une poursuite commune, tout en ayant l'air d'ignorer leurs efforts respectifs, des esprits comme Ruskin en Angleterre, Guyau en France, Tolstoï en Russie. Tous trois, partant de points de vue différents, et usant de méthodes différentes [1] ont considéré

1. Ruskin voit surtout en poète, Guyau en analyste, Tolstoï

dans l'art son côté en quelque sorte sociologique et, avec quelques paradoxes, ont émis sur
ce sujet des idées ingénieuses et profitables.
Nous avons cherché à résumer leurs réflexions
tout en les critiquant sur certains points et en
joignant à leurs observations quelques observations personnelles sur la sociabilité de l'art.

En somme, rechercher si le développement
social dont nous sommes les témoins et les
acteurs contient les conditions essentielles
nécessaires à l'amélioration sociale, telle est
la pensée commune des dernières études que
j'ai réunies ici. L'évolution philosophique, politique, économique, des sociétés civilisées
suit une pente qu'elle me paraît ne devoir jamais remonter définitivement. Il se produira
dans son mouvement des arrêts ou des reculs
partiels : elle ne reviendra pas d'une façon permanente à des stades antérieurs. Il y a dans sa
marche de la fatalité. Or chacun aperçoit —
et l'expérience a déjà révélé — dans les combinaisons nouvelles de l'organisation humaine,
bien des germes inquiétants. Beaucoup d'illusions qu'avaient nos pères sur l'enchaînement

en apôtre de ce qu'il considère comme la morale humaine et
sociale.

immédiat du progrès matériel et moral sont tombées. L'optimisme n'est pas notre fait ; et en réalité les événements survenus depuis cent ans autorisent bien des inquiétudes sur l'avenir social. Les pénibles épreuves que nous traversons en ce moment et qui nous ont montré vivants et déchaînés tant de ferments de haine, tant de mépris de la justice qu'on croyait impossibles, ne pourraient que les aggraver. Ces anxiétés doivent-elles aller jusqu'au désespoir ? Cette conclusion ne serait justifiée que si un examen attentif des maux dont nous souffrons aboutissait à pronostiquer qu'ils empireront nécessairement au lieu de s'amoindrir avec le développement de la civilisation qui en a produit, ou plutôt manifesté publiquement quelques-uns. Un pronostic aussi pessimiste ne nous semble pas légitime : mais c'est à la condition que les hommes voient clair dans leur avenir.

Ce sera la gloire du siècle d'avoir, par les progrès de la science, perfectionné la planète au point de réaliser des miracles qui, il y a cent ans, auraient paru impossibles. Je ne partage pas du tout le mépris de certains docteurs pour l'industrie qui nourrit, qui vêt, qui transporte des millions de nos semblables dans des conditions de bien-être relatif qu'ont ignorées les plus opulents parmi nos ancêtres. Je bénis les bienfaits de la production, non seulement pour l'aisance qu'elle répand, mais pour les qualités d'initiative et d'énergie, de combinaison et d'invention qu'elle développe dans les individus : mais je nie qu'à elle seule la création des richesses puisse engendrer dans une société la satisfaction soit individuelle soit collective. Elle est une lutte et ne peut être féconde qu'à condition de rester une lutte ; c'est ce que démontre l'économie politique qui, tout en voulant la loyauté et la franchise dans cette lutte, lui conserve les caractères de toute compétition vive, mieux propres à surexciter l'être humain qu'à le contenter. Dans ce domaine, l'économie politique est plutôt une triomphante réfutation d'erreurs et de préjugés qu'une doctrine affirmative au point de vue du but de la vie. Elle part d'un postulat : la recherche du bien-être comme l'un des objectifs principaux de l'existence terrestre, et démontre que la plupart des moyens artificiels qu'on a inventés pour réaliser le bien-être parmi les hommes sont entachés d'illusion ou de leurre, qui se traduisent tôt ou tard par un accroissement des maux qu'on a voulu guérir. Elle ramène les hommes à l'observation exacte des faits en les dépouillant des sophismes dont on les a enveloppés, ou des apparences où une étude superficielle les laissait engagés. Elle les met face à face avec les nécessités qui découlent de la nature des choses et de la nature des hommes tels qu'ils sont. Elle est une analyse de faits plus qu'une règle de conduite, ce qui ne diminue pas les services qu'elle rend aux hommes, mais laisse la place à l'étude d'autres mobiles et d'autres foyers d'activité que ceux dont elle s'occupe de préférence.

Ce n'est pas le socialisme contemporain qui peut fournir ces mobiles ni ces sources de volonté. Le socialisme, sous sa forme positive actuelle, part du même postulat que l'économie politique, et à ce point de vue il ne peut pas lui faire de reproches : car l'insuffisance de leur point de départ est égale. Seulement la divergence croît vite entre elles ; à l'hypothèse originelle qui lui est commune avec la doctrine adverse, le socialisme ajoute immédiatement un grand nombre d'hypothèses qui n'ont aucun fondement dans la réalité des faits, pas plus dans l'histoire que dans le présent.

Pour donner quelque caractère de certitude à ses conjectures, il est obligé de supposer la nature des hommes autre qu'elle n'a été et n'est actuellement, des combinaisons sociales factices portant des fruits de bonheur et de justice qu'elles n'ont jamais, d'une façon un peu générale, portés dans le passé, qu'elles ne portent pas davantage sous nos yeux quand nous les réessayons. Si le socialisme était resté — ce qu'il est encore pour beaucoup d'esprits peu cultivés, et ce qui constitue son principal prestige — une vision d'avenir lointain, une sorte de rêve apocalyptique de félicité terrestre, réalisée grâce à un épanouissement merveilleux à la fois de la richesse publique et des vertus individuelles, grâce à un développement inattendu du sens de la justice parmi les hommes et de l'esprit de paix parmi les nations, — idéal qu'il aurait eu du moins le mérite de faire luire un des premiers aux regards de l'humanité, — il pourrait représenter, et il a parfois représenté pour certaines âmes dépouillées de leurs anciennes croyances, un réservoir précieux d'espérances et de chaleur de cœur. Mais le socialisme contemporain, par son impraticabilité s'appliquant à des choses pratiques, renferme en lui-même un venin mortel. Dépourvu, comme but principal, d'idéal désintéressé, il est fait pour susciter d'horribles conflits à la suite des convoitises qu'il sème et des déceptions qu'il prépare, là où il est censé poursuivre la paix sociale par la satisfaction des besoins individuels. Il ne contient ni un principe de justice réalisable, ni une source d'assouvissements personnels capables de désarmer la haine et l'envie. Prêché actuellement aux masses, en dehors d'un principe d'autorité propre à les contenir et à les modérer, il se tourne nécessairement en appétit de meute, ce qui n'a jamais été et ne sera jamais un moyen ni de pacifier les hommes ni de les contenter.

D'autre part, en atténuant ou supprimant ce qu'on a appelé justement le sens de la « responsabilité économique individuelle », en parlant de plus en plus des devoirs de l'État ou de la Société, et de moins en moins des devoirs de l'individu, il affaiblit jusqu'à le détruire le ressort de la production et du travail, seule source de cette richesse, qu'il s'occupe toujours de répartir sans se soucier de savoir d'abord si elle sera créée. En sapant les principes d'autorité, de direction et de hiérarchie nécessaires dans toute société comme dans toute entreprise collective qui veut vivre et prospérer, il menace dans sa base même le régime démocratique qui l'a en grande partie engendré et développé : car la démocratie suppose dans la liberté et l'égalité le respect de la supériorité réelle, faute de quoi elle aboutit à la confusion et à l'abaissement universels, prélude de sa décomposition. C'est là un des premiers enseignements d'une science sociale, observatrice fidèle et impartiale des faits, sûre de sa méthode, prudente dans ses prévisions, très différente du socialisme avec lequel on a voulu, à tort, la confondre. Il est nécessaire que la démocratie, si elle veut vivre, les distingue ; qu'elle s'imprègne de l'une, malgré son austérité apparente ; que tout en pratiquant l'esprit de justice qui sert de point de départ et parfois de prétexte au socialisme, elle se tienne en garde contre ses séductions et ses chimères.

Février 1890.

QUELQUES RÉFLEXIONS SUR LE SOCIALISME SCIENTIFIQUE

On pourrait appliquer au socialisme scientifique, dit « marxisme », le fameux titre de Jouffroy : « Comment les dogmes finissent. » Il n'y a plus guère qu'en France qu'un parti, plus politique que philosophique, garde la superstition du marxisme.

En Allemagne, en Belgique, en Italie, en Angleterre, plusieurs des disciples les plus marquants ont successivement abandonné les doctrines fondamentales de l'auteur du *Capital*. Pour ces disciples, il est avéré que la théorie de la valeur, base de toute la thèse économique de Marx « a besoin d'être complétée ou revisée » : la loi d'airain des salaires sur laquelle on avait construit toutes sortes de déclamations retentissantes a été proclamée du *vieux fer*. On a découvert que le « matérialisme historique » qui faisait de la lutte des classes sur le terrain économique la seule base de l'histoire des sociétés, « aboutissait à des résultats inacceptables lorsqu'on l'appliquait aux époques antérieures à la période contemporaine », et que « même pour les phénomènes sociaux récents, il fournissait une explication notoirement insuffisante ». La loi de « concentration des capitaux et des terres », annoncée comme un axiome par Marx, s'est trouvée en désaccord avec la marche des faits depuis cinquante ans. On a annoncé que la « conception catastrophique » du collectivisme qui légitimait la révolution violente, devait faire place à la « conception évolutive ou continuative ». Un des marxistes contemporains les plus autorisés, M. Bernstein, a pu écrire récemment[1] : « Un écrit fêtant aujourd'hui le cinquantenaire du *Manifeste Communiste* (publié en 1848) et soucieux de justifier la prétention au nom du « socialisme scientifique », devrait s'occuper au moins autant à rechercher jusqu'à quel point la véritable évolution des faits a contredit les prévisions du *Manifeste* et de la littérature qui s'y rattache, qu'à souligner dans cet ouvrage les prédictions qui se sont accomplies depuis lors[2]. »

1. *Neue Zeit*, t. XV, p. 16.
2. « M. P. Lafargue, écrit M. G. Sorel, dans le *Journal des Économistes*, mai 1897, n'avait pas bien compris la doctrine de Marx, que depuis MM. Sombart, Schmidt et Engels cherchent

Et M. Sombart, dans le « Socialisme et le mouvement social au XIX⁰ siècle », s'exprimait ainsi sur Karl Marx : « La théorie du mouvement social de Marx est tellement erronée sur des points essentiels qu'il est à peine possible qu'elle puisse être maintenue dans son ensemble (p. 94). Le marxisme représente un pêle-mêle extrêmement lourd de doctrines contradictoires. Un demi-siècle après sa conception, nous sommes encore à la recherche du vrai sens et de la signification profonde de la doctrine [1]. »

à interpréter chacun à sa façon. » M. Vandervelde, *Rev. socialiste*, mars 1898, p. 330 : « La loi d'airain, ce *lasciate ogni speranza* du prolétariat moderne, n'est plus qu'une arme de propagande à peu près démodée, une de ces vérités rancies dont parle Ibsen, qui finissent par dégénérer en contre-vérités absolues. Ce qui était vrai ne l'est plus aujourd'hui tout au moins dans les pays les plus avancés en évolution industrielle. » Cf. dans *Revue socialiste*, octobre 1898, l'article *Arrière les dogmes*.

1. On trouvera dans *Formes et essence du socialisme*, par Merlino (trad. franç.) une longue analyse des réfutations les plus récentes du marxisme par les socialistes de diverses écoles. M. Paul Louis dans la *Revue socialiste* de décembre 1898 indique le danger pour la doctrine, de ces abandons successifs de ses formules vitales. (*Quelques points de doctrine*, p. 680.)

Fr. Engels, *Devenir social*, 1896, p. 720 : « La loi de la valeur de Marx est générale, pour toute la période de la production simple des marchandises, c'est-à-dire jusqu'au moment où celle-ci subit une modification par l'apparition de la forme de production capitaliste. Cette période s'étend jusqu'au XV⁰ siècle de notre ère ! » Que vaut-elle donc pour maintenant : « s'écrie

Poursuivre le marxisme sur le terrain doctrinal serait donc aujourd'hui une entreprise stérile. Il se démolit lui-même par les mains de ceux qui veulent l'expliquer ou l'interpréter. Le mieux, pour ceux qui n'ont jamais admis ses théories pessimistes et superficielles, est de laisser la polémique continuer entre ceux qui cherchent à mettre en relief les contradictions

avec justesse M. G. Sorel. — On lit dans *le Vorwaerts* (20 février 1898) : « La tendance à l'accumulation des capitaux, prémisse essentielle sur laquelle repose la possibilité de la socialisation ne s'accomplit pas avec l'accélération qu'on pouvait prévoir en 1847. » M. Bernstein, dans une *Étude sur l'importance de l'espace et du nombre dans la politique sociale*, rappelle qu'en 1882 les statistiques ont prouvé qu'il y avait en Allemagne 1,861,000 chefs d'industries indépendantes, parmi lesquelles 40,000 pouvaient être considérés comme dirigeant des affaires moyennes ou considérables. « En 1895 le chiffre de 1,861,000 était tombé à 1,774,000. En admettant même un recul deux fois plus rapide de la petite industrie pendant le prochain quart de siècle, il restera en 1921, 1,280,000 chefs d'industries indépendantes et 64,000 entreprises moyennes ou grandes. »

M. Seillière, qui cite cette étude de M. Bernstein, (*Littérature et morale dans le parti socialiste allemand*), rappelle qu'un autre socialiste, M. Otto Lang, a établi pour la Suisse une statistique analogue et est arrivé aux mêmes résultats » (p. 220).

M. Vandervelde écrit dans la *Revue socialiste* (mars 1898) :

« Le nombre des exploitations rurales en Belgique a presque doublé de 1846 à 1880 (910,000 au lieu de 572,000). En France le dernier recensement de l'agriculture constate que de 1882 à 1892 le nombre des exploitations a passé de 5,672,000 à 5,702,000, soit une augmentation de 30,000.

de Marx avec lui-même ou avec les faits, ou qui tentent de pallier ces contradictions par des explications dont le moindre défaut est de manquer de clarté. Après les deux premiers volumes du *Capital*, on comptait sur le troisième, resté inédit (et même ébauché), pour faire une plus complète lumière. Lorsque, en 1894, Fr. Engels eut publié ce troisième volume, ce fut une déception et même une protestation générale. Quelques-uns maintenant espèrent dans le qua-

Sur le *matérialisme historique*, M. G. Sorel s'exprime dans ces termes (*Devenir social.*, oct. 1897) : « Quand on applique la fausse et incomplète théorie de la lutte des classes (M. Sorel pense qu'ici il faut distinguer Marx de ses disciples qui ont ramené l'histoire à une conception sèchement mathématique de fonction d'une variable, qui serait le coefficient du progrès technologique), quand on applique cette théorie aux époques antérieures à notre siècle, on obtient naturellement des résultats grotesques : mais même de nos jours, il est assez difficile de croire que la lutte du prolétariat contre le capitalisme ait engendré la politique de Louis-Philippe, de Napoléon, de Gambetta, etc. Je ne me chargerais pas de soutenir ces paradoxes. » V. un article du même auteur dans la *Rev. parlementaire* du 10 déc. 1898 : *La crise du socialisme*, dont la conclusion, qui a dû faire bondir les derniers marxistes, est que « tout l'avenir du socialisme réside dans le développement autonome des syndicats ouvriers. »

La Revue le *Devenir social* (1897 et 1898) renferme de nombreux articles de polémique non moins obscurs que violents de forme entre marxistes (v. notamment celle entre Engels et Labriola). Le dernier congrès de Stuttgart a été une longue discussion entre les partisans du socialisme « catastrophique » et les opportunistes. V. la *Revue socialiste*, janv. 1899, p. 1.

trième volume[1] ! S'il parait jamais, il achèvera de prouver ce qu'avaient montré les premiers, que Marx fut un esprit puissant, armé d'une vigueur de dialectique rare, muni d'une lecture abondante, « fort pénétrant sur le mauvais côté de la nature humaine[2] » et qui a abouti, à travers des formules retentissantes, à un simple verbalisme.

II

Quand, abandonnant le terrain doctrinal, aujourd'hui labouré par la polémique théorique, on passe à celui de la réalisation pratique, on se

Cette dernière contient dans son numéro de fév. 1899, le compte rendu d'un curieux livre d'un socialiste italien, M. Gragiadei (Turin, 1899), qui combat également la théorie de la valeur de Marx et la thèse « catastrophique ». Il montre les avantages de la grande industrie pour l'émancipation ouvrière, et présente « l'économie capitaliste comme une évolution qui, développant des conditions matérielles favorables à la classe laborieuse et provoquant en conséquence une profonde modification intellectuelle et morale, opérera la plus merveilleuse des transformations sociales avec un minimum de souffrances. »

1. « Peut-être la publication du 4° vol. (consacré à l'histoire des doctrines) sera-t-elle d'un grand secours pour mieux comprendre la pensée de l'auteur. » G. Sorel, *loc. cit.*, p. 224.

2. M. Sombart, *op. cit.*, p. 87 ; il ajoute : « Marx avait une pénétration supérieure pour découvrir les rapports psychologiques et partant historiques là surtout où ils sont basés sur les appétits les moins nobles de la nature humaine. »

trouve en face d'adversaires difficiles à saisir corps à corps. En général les collectivistes évitent soigneusement de répondre aux questions qu'on leur pose sur ce terrain. Ils détournent la conversation par des plaisanteries ou des fins de non-recevoir. Ils sont pleins de dédain pour les « Bellamy », qui ont cherché à incarner, sous une forme plus ou moins romanesque, l'utopie collectiviste. « Vous nous demandez qui videra les eaux sales, ou qui nettoiera les souliers, disent volontiers Bebel ou Liebknecht à ceux qui les interrogent. Nous n'en savons rien. Mais on trouvera des solutions, ne fût-ce que de vider les unes et de nettoyer les autres soi-même... Et puis, il y a la science qui nous réserve des merveilles. » Et de fait, s'il n'y avait que des questions de ce genre à poser aux nouveaux apôtres, ils pourraient aisément les éluder : mais il en est de plus graves, qui vont au fond du sujet et sur lesquelles on ne peut pas passer sans les résoudre, à moins de prouver, par son silence même, qu'on raisonne dans le néant.

Une des premières questions qui s'imposent, c'est celle des mobiles mêmes du travail : c'est de savoir ce qui, dans l'ordre collectiviste, remplacera les mobiles actuels de l'activité humaine, le désir du gain et la possibilité d'améliorer le gain par l'ardeur au travail, par l'invention dans le travail, par l'économie de temps et de matière. Il est vrai, dans un article sur « l'*État de l'Avenir* ». M. Liebknecht, interrogé par les directeurs de la revue *Cosmopolis*, n'admet même pas que la question existe. « L'ardeur au travail, écrit-il sans sourciller[1], n'a pas besoin d'un aiguillon, mais seulement d'une réglementation! Elle nous est innée et existe dans chaque homme... L'homme doit travailler... Le travail est ce qui l'élève au-dessus de l'animal : c'est pour lui un impératif catégorique. » Puis de là l'auteur se lance dans de longues considérations sur l'amour des enfants pour l'activité physique et sur l'utilité sociale qu'on pourrait en tirer — ce que Owen et Fourier avaient, il le reconnaît, observé avant lui, — sur l'influence de l'éducation qui devrait dans l'ordre socialiste être complètement transformée. Ces arguments suffisent à le rassurer et il ne comprend même pas qu'on se préoccupe « du passage de la production capitalistique à la production socialistique. » Ce passage, écrit-il, se fera vraisemblablement beaucoup plus facilement que ne s'est fait et ne se fait encore celui de la petite industrie à la grande. Même dans les campagnes la transition

1. *Cosmopolis*, janvier 1898, p. 210.

sera aisée. Les petits propriétaires s'apercevront que la concurrence les tue et ils demanderont d'eux-mêmes à en être délivrés par la socialisation des terres. « En résumé, l'organisation du travail, écrit l'auteur en guise de conclusion, devra être conduite par un *fonctionnarisme* du travail qui aura à régler la production et la distribution des marchandises pour toute l'étendue de la communauté, les relations avec les communautés socialistes extérieures (tant qu'elles ne seront pas toutes fondues ensemble) ; à traiter avec les pays non encore amenés au socialisme, et en cette qualité à fonctionner comme département des affaires étrangères. A ce moment il n'y aura pas d'autre politique étrangère, puisqu'il n'existera plus de politiciens, de militaires ni de diplomates. »

Voilà sur quel terrain « positif » en matière d'organisation du travail, nous conduit l'un des chefs de la « sociale-démocratie », de cette école qui veut être « scientifique » et qui prétend se plier aux faits, n'être que l'incarnation des faits et s'interdire l'utopie.

—

1. « Le collectivisme n'est ni le produit de l'imagination d'un rêveur, ni le résultat des conceptions d'un philosophe, mais la constatation pure et simple des phénomènes qui se déroulent sous nos yeux. On ne fait pas et on ne fera pas le collectivisme. Il se fait chaque jour : il est, passez-moi le mot, la sécrétion du régime capitaliste. » Millerand, *La plate-forme électorale*, p. 8.

Liebknecht n'a fait qu'effleurer le sujet. Voici une autre publication beaucoup plus importante où l'auteur prétend préciser les traits principaux de l'organisation industrielle dans l'ère socialistique. L'ouvrage est dû à M. G. Renard[1], professeur à l'Université de Lausanne, ancien rédacteur en chef de la *Revue socialiste*, dont M. Faguet a pu dire qu'il était « un vieil expert en socialisme et parfaitement informé ». Il est intéressant d'y chercher une image raisonnée du collectivisme pratique tracée par un homme qu'on n'accusera pas de ne pas connaître son sujet, et qui a le mérite de l'aborder franchement.

L'auteur pense tout d'abord qu'il y a deux problèmes à résoudre :

1° Obtenir dans la production sociale le maximum de résultats avec le minimum d'efforts, ce qui est un problème purement économique ;

2° Répartir entre tous les membres de la société le travail à faire et les fruits du travail, ce qui est un problème essentiellement juridique.

Le premier problème consistera à adapter la production aux besoins de la société et des individus et à l'aménager de façon à économiser l'effort en augmentant la quantité des produits.

Pour réaliser ces deux objectifs, M. Renard

---

1. *Le régime socialiste :* 1 vol., F. Alcan, éd. 1808.

compte d'abord sur la statistique : « c'est pour elle, dit-il, une opération assez compliquée, mais qui n'est pas d'une difficulté décourageante... Déjà à l'heure qu'il est, on calcule en dressant le budget une partie des besoins essentiels de la société, et il n'est pas mal aisé de concevoir une extension en même temps qu'une amélioration de ce calcul... La production des choses indispensables à la vie de l'individu doit être calculée largement de façon que personne n'ait plus à souffrir dans la satisfaction de ses besoins élémentaires. »

Mais ces besoins élémentaires peuvent aller fort loin. M. Renard admet qu'un luxe relatif est devenu aujourd'hui une nécessité. « Le raffinement des besoins pour un peuple comme pour un individu est un signe d'intelligence et de délicatesse accrues... Voltaire disait : « Le superflu, chose si nécessaire. » Trait d'esprit qui est aussi un mot profond. La tendance d'une société progressive est toujours de faire entrer plus de superflu dans le nécessaire. » Qui fixera le degré d'urgence des divers besoins ? Personne, convient l'auteur, n'est compétent pour tracer une ligne de démarcation, et il préfère, comme moyen pratique, s'en remettre au jugement de tout le monde, « c'est-à-dire qu'une *entente doit intervenir entre tous les intéressés* pour décider quel minimum de bien-être la société s'engage à fournir à chacun de ses membres. Cela pourrait être inscrit dans la constitution. Ce serait comme une *déclaration des droits économiques du citoyen !* »

Reste la seconde partie du problème qui consiste à réaliser dans la production le maximum d'utilité avec le minimum d'efforts. Elle n'est pas plus impossible à résoudre que la première. Les économistes les plus hostiles au socialisme ne reconnaissent-ils pas que le travail collectif est plus productif que le travail isolé ? Lorsqu'on vante les avantages de la division du travail, lorsqu'on la dépeint avec raison comme ayant été l'agent le plus efficace du progrès de l'industrie française, que fait-on, sinon déclarer que le travail parcellaire qui implique collaboration et par là même est nécessairement collectif, est plus fécond que le travail demeuré purement individuel ? Et de même l'éloge de la coopération n'est-il pas l'aveu de l'indéniable supériorité du système qui fait de la nation entière une vaste société coopérative ?

Si nous voulions ici réfuter l'auteur, nous lui rappellerions que la division du travail ne va pas sans une direction supérieure du travail, et qu'il reste à démontrer par le socialisme que cette direction peut mieux être réalisée par une organisation d'État irresponsable que par l'initiative privée que stimule le désir du gain ; mais nous préférons renvoyer ces réflexions à quelques pages plus loin, et pour l'édification du lecteur, continuer à citer ou à résumer l'auteur du « *Régime socialiste.* »

Il aborde la question de savoir comment le travail sera réparti entre les membres de la société, « question juridique capitale » et qui est intimement liée à la précédente.

La solution consistera dans l'institution de corps de métiers ouverts, où chaque adulte devra s'inscrire, chacun n'ayant à consulter que ses goûts et ses aptitudes (l'éducation intégrale donnée à tous les enfants permettant de choisir en pleine connaissance de cause). Tout corps de métier aura son organisation autonome, sous la seule réserve qui sera de respecter la loi fondamentale de la société, à savoir de soumettre au vote des intéressés tout ce qui les concerne : règlements, nomination du directeur, des sous-directeurs, chefs supérieurs et inférieurs des diverses entreprises.

Ce sont les corps de direction ainsi élus qui, comme nous le verrons plus loin, « peut-être sous la surveillance d'une chambre de travail nommée par toutes les corporations, » devront totaliser les besoins auxquels la corporation a charge de pourvoir, puis mettre en regard le nombre d'heures de travail qu'exige la satisfaction de ces besoins, enfin répartir ces heures entre les travailleurs inscrits.

C'est là la structure générale du mécanisme ; mais l'auteur veut bien admettre qu'il se présentera des difficultés et il prétend ne pas les passer sous silence ni même les atténuer. « La première, écrit-il, tient à ce fait que les divers travaux utiles à la société ont une force d'attraction inégale. Il pourra paraître plus agréable d'être professeur que d'être terrassier, moins dangereux d'être laboureur que couvreur ou allumettier. N'est-il pas à craindre que certaines professions soient encombrées, tandis que d'autres seront désertées ?

Voilà une difficulté sérieuse : l'auteur, qui prétend ne pas la diminuer, l'atténue cependant en alléguant que « la variété des goûts est grande ; que le péril est une amorce pour certains tempéraments ; qu'un effort musculaire, même considérable, coûte moins à certaines personnes qu'une tension intellectuelle, » — et il conclut que l'inégalité redoutée n'est pas aussi forte qu'on le suppose.

Il admet cependant qu'elle existe et qu'il faut trouver un moyen d'équilibrer les bras et les heures de travail ; or il ne doute pas que ce moyen peut être réalisé. Et sait-on quel est ce moyen ? Purement et simplement la concurrence, la concurrence maudite dans le régime capitalistique et qui va devenir la ressource suprême du socialisme pour arrêter l'encombrement de certaines professions, et forcer les candidats trop nombreux à se rejeter sur d'autres branches d'activité. « Pour les professions dites libérales, écrit M. Renard, il suffira d'élever le niveau des connaissances exigées, d'opérer un triage plus sévère qui réduira le nombre des élus et contraindra les moins capables à refluer vers d'autres fonctions. Pour les autres métiers, dans ceux qui seront surchargés de travailleurs, chaque membre ayant moins d'heures à fournir, recevra une part de rémunération moindre. Comme les conditions rémunératrices offertes par chaque métier seront publiées, il se produira parmi les jeunes gens un reflux vers les métiers qui offriront une plus large rétribution, et après quelques oscillations, l'équilibre tendra à s'établir par un mouvement automatique. Si après tout cela il restait quelque besogne indispensable qui ne trouvât point de preneur volontaire, la société pourrait toujours tenter les gens par une rémunération spéciale, ou même en faire un service commandé qui serait une sorte de service militaire dont personne ne serait exempt... »

Concurrence des bras ou réquisition... Est-ce bien la peine de bouleverser la société pour en arriver à ce résultat?

Encore faudrait-il prouver qu'elles pourraient fonctionner dans un régime tel que le conçoit la « sociale-démocratie »! Pour la concurrence, son existence suppose une appréciation comparative de la valeur des services. Actuellement elle est faite par ceux à qui les services sont offerts ou demandés, et c'est ce qu'on appelle la loi de l'offre et de la demande. En régime socialistique cette base de la valeur a disparu et il faut lui en substituer une autre. M. Renard reconnaît la difficulté du problème, et il s'évertue à en élucider les données. Nous ne pouvons pas le suivre ici dans la subtile argumentation grâce à laquelle il croit parvenir à éliminer, de la fixation de la valeur des objets de grande consommation, l'élément *besoin,* pour n'y laisser subsister que le facteur *travail,* ce qui aurait comme effet « souhaitable » que la valeur des choses fût en raison du travail qu'elles coûtent. Le mot « souhaitable » indique assez que l'auteur lui-même reconnaît qu'il n'en est pas ainsi dans la réalité. Mais même en acceptant que le souhait fût accompli, il faudrait encore définir le *travail :* se mesurera-t-il par la durée? Ou par ce que M. Renard appelle la « *pénibilité?* » La durée est un élément trop grossier et incomplet puisqu'elle varie pour des raisons absolument indépendantes de la bonne volonté des travailleurs. Quant à la « pénibilité » elle n'est pas aisée à déterminer. Aussi M. Renard propose-t-il au choix deux systèmes : l'un consisterait à supprimer la difficulté et à considérer qu'une heure de travail vaut une autre heure de travail, quels que soient le contenu et le résultat de l'une et de l'autre. Cette solution, l'auteur admet bien « qu'elle choque à première vue nos habitudes et même l'idée que nous nous formons aujourd'hui de la justice : mais elle a pourtant des mérites indéniables. Il se peut que les générations à venir trouvent tout naturel que la rétribution de l'heure de travail soit la même pour tous. » En attendant elle ne satisferait pas les générations actuelles : elle nécessiterait une intervention constante de l'autorité sociale afin d'empêcher l'encombrement des professions où l'heure de travail serait la moins pénible. Pour échapper à ces tristes nécessités autoritaires, il faut étudier une autre solution « qui est plus compliquée mais qui est peut-être meilleure, » et qui consistera à ce que le taux de l'heure soit proportionnel à la *pénibilité* de chaque métier. Mais encore une fois comment déterminer cette pénibilité? L'auteur tombe ici dans une singulière pétition de principe : » Il me paraît, dit-il, que la pénibilité inégale des diverses professions peut s'évaluer par l'attrait inégal qu'elles exercent sur les membres de la société. Le taux de l'heure de travail doit varier d'après la somme de travail offerte. Si pour un métier il se présente un grand nombre d'ouvriers, ce taux baissera. Si, au contraire, les travailleurs s'offrent en petit nombre, ce taux montera. » Je ne suppose pas que M. Renard croie qu'il a inventé cette règle bien connue de l'économie politique et popularisée par la fameuse image de Cobden, des ouvriers qui courent après les patrons ou des patrons après les ouvriers : elle s'applique dans le domaine des échanges régi par la loi de l'offre et de la demande, et là s'applique aussi bien aux bras qu'aux autres instruments de production ; mais comment suppose-t-il qu'elle pourra fonctionner dans le système réglementé du collectivisme où précisément l'objet de la réglementation aura été préalablement, suivant les principes mêmes que l'auteur a posés quelques pages plus haut, d'équilibrer les prix de façon à éviter les détestables effets de la concurrence ? Si le mécanisme prévu par le collectivisme est juste, la compensation aura été faite d'avance par l'autorité sociale, entre la *pénibilité* de l'heure de travail et son taux de rémunération, de sorte que l'attrait de la sur-rétribution balance exactement les inconvénients ou les désagréments de la tâche à faire, mais n'y ajoute aucun appât supplémentaire. C'est la base même de l'organisation de l'atelier collectiviste, ou sinon on retombe ou dans le pire autoritarisme despotique, ou dans l'infâme régime de concurrence capitalistique. Le lecteur du livre de M. Renard est stupéfait, à la suite de ces longs calculs sur les coefficients des heures de travail dans les différents milieux, que l'auteur ne se soit pas aperçu qu'il traçait simplement un *schéma* des lois de l'offre et de la demande des bras sur un marché du travail libre, et que le fonctionnement de ce marché entraîne tous les avantages mais aussi tous les inconvénients du capitalisme actuel. Était-ce bien la peine d'aligner tant de chiffres et de mots pour en arriver à cette constatation ?

III

Plus on creuse le collectivisme contemporain dans sa théorie ou dans ses ébauches d'organisation pratique, plus on s'aperçoit qu'il n'est qu'une application défectueuse d'une méthode scientifique erronée.

Une fois accepté un point de départ incomplet, la théorie de la valeur, basée exclusivement sur le travail, théorie dont la fausseté est établie dans vingt manuels d'économie politique, et que les socialistes allemands contemporains eux-mêmes n'osent plus maintenir, Marx y rattache toute une série de propositions qui ont l'air de s'enchaîner rigoureusement. Le seul malheur, c'est que le premier anneau n'a aucune solidité : lui brisé, tout le reste tombe. Dans une de ses lettres[1], Stuart Mill, qui a passé sa vie à s'occuper des règles de la logique, autrement dit du bon raisonnement, écrit : « Il y a beaucoup d'auteurs qui sont si contents de déduire avec clarté leurs conclusions de leurs prémisses, qu'ils ne s'arrêtent pas à vérifier si ces conclusions sont d'accord avec les faits réels : ce n'est cependant que par là qu'ils pourraient s'assurer que leurs prémisses *contiennent toutes les données nécessaires de la question.* Ils déduisent en matière sociale, comme font les mathématiciens d'un axiome ou d'une définition: ils oublient qu'en mathématique, le danger n'existe pas au même point, de partir d'une *vérité incomplète.* »

La définition ou l'axiome d'où les collectivistes déduisent tout leur système, représentent une

1. *Correspondance inédite avec Gustave d'Eichthal,* 1 vol., Alcan, éd. (1898).

de ces vérités inexactes ou incomplètes, ce qui détruit la validité de leur raisonnement.

Le mal qu'ont fait dans l'histoire de l'esprit humain les *vérités incomplètes*, exprimées en formules absolues, est inimaginable. Je me chargerais de démontrer qu'elles ont eu sur les faits sociaux, depuis Platon jusqu'à Rousseau, une influence extraordinaire. Cette influence est venue en partie assurément de ce que les formules concordaient avec certaines tendances, certaines aspirations, certaines répulsions des contemporains : mais elles ont engendré par leur apparence de rigueur jointe à leur concision lapidaire, bien des conséquences funestes. Il a fallu des siècles pour briser leur masque d'airain, et il en est dont l'enveloppe de logique extérieure résiste encore à l'expérience et au raisonnement. Je ne crois pas qu'il en sera ainsi du « socialisme scientifique » parce que là le *désaccord avec les faits*, si bien signalé par Stuart Mill, est trop éclatant, et aussi parce que la faiblesse des prémisses est trop manifeste. Cependant, le prestige d'un appareil d'aspect scientifique est tel auprès de lecteurs ou d'auditeurs peu familiarisés encore avec les conditions de la véritable méthode scientifique appliquée aux matières sociales, qu'on peut craindre que le prestige du marxisme disparaisse moins vite qu'il ne faudrait au nom même de la raison et de la logique, bases de toute science.

L'expansion même du collectivisme et la créance qu'il a trouvée dans certains cercles sont un exemple remarquable et un peu inquiétant de la puissance de cette science, dont on médit tant de nos jours. Certains docteurs proclament son règne fini, célèbrent bruyamment sa banqueroute : et voici que des doctrines, qui empruntent seulement son nom et sa figure extérieure, obtiennent dans le consentement d'un nombre considérable d'hommes une place qu'y ont perdue les religions les plus anciennes par leurs traditions.

Il faudrait cependant distinguer dans les œuvres de la science celles qui sont dignes de porter son nom, qui s'inspirent de ses méthodes légitimes et s'y enferment soigneusement, et celles qui n'ont que l'étiquette de la science, ou qui, scientifiques par quelques côtés, cessent de l'être en étendant démesurément ou en appliquant abusivement ses procédés de déduction.

Une véritable science sociale n'a pas le droit, par de simples raisonnements théoriques, d'aboutir à des assertions comme celles de la « sociale-démocratie ». C'est la négation même de la saine méthode scientifique, qui doit modifier non pas ses principes, mais ses procédés d'investigation suivant le domaine qu'elle explore. En matière sociale, l'observation dans le passé qui est l'histoire, et l'observation dans le présent qui est l'étude patiente des faits, sans parti pris et sans généralisation hâtive, tels sont les devoirs et telles les seules sources de certitude de la science. Elle ne doit formuler des lois qu'après une étude minutieuse et prolongée des phénomènes réels.

Les collectivistes manquent gravement à ces règles. Dans leurs déductions sociales ils raisonnent toujours comme si la production industrielle résultait exclusivement ou presque exclusivement de la collaboration du capital, c'est-à-dire des sources de richesses naturelles ou accumulées héréditairement, et du travail des bras. Ils ne tiennent presque pas de compte de l'élément qui est cependant prédominant dans tous les actes collectifs humains : la direction. C'est une des erreurs les plus accréditées de notre temps, non seulement en matière d'économie sociale, mais même en politique, de négliger cette influence supérieure à toutes les autres par certains caractères de son action : la puissance d'initiative, de coordination et de volonté d'un cerveau unique, s'exerçant sur un certain nombre d'autres cerveaux qui suivent son impulsion tout en lui résistant au besoin et en le contrôlant, l'échauffant ou le rectifiant par leur résistance, même. Quel instrument d'action est comparable à ce merveilleux organisme : un cerveau humain bien constitué, doué de mémoire, de jugement, de suite dans les idées, capable par conséquent de profiter de l'expérience du passé, de collationner et de retenir les faits, de chercher les rapports et les différences qu'ils présentent entre eux, de suivre leurs variations ; apte par suite à prévoir l'avenir probable, à diriger l'action en vue de cet avenir, à modeler à chaque instant le présent sur l'éventualité future en voie de se réaliser ; prêt à contrôler ses propres impressions par celles d'autrui, à comparer ses jugements avec ceux de conseillers qui ont leur point de vue individuel et l'expriment librement ; — merveilleux centre d'activité qui se décide à l'action, à la suite de tout ce travail de coordination, de rapprochements, de délibérations, opéré en quelques secondes dans sa propre substance, tandis que le travail serait toujours incomplet, et même devant rester incomplet, serait toujours lent et tardif, réalisé par un groupe d'hommes réunis ?

Rien ne peut dans l'entreprise humaine, industrielle ou autre, remplacer et ne remplace en effet l'action individuelle, l'invention qui découvre, le jugement qui éclaire, la volonté qui persiste, la suite des idées qui leur permet de se rectifier elles-mêmes ou de se compléter par des idées nouvelles. Prenez n'importe quelle affaire, petite ou grande, qui prospère : vous trouverez toujours à la tête, quelquefois dissimulée par certaines apparences, une individualité ou un petit nombre d'individualités intelligentes, dévouées, énergiques, qui ont à la fois la responsabilité effective et l'autorité[1]. Les collectivistes objectent que plus les entreprises industrielles s'étendent, plus elles appartiennent à des directions fractionnées, à des délégués salariés par le patron, ou par un conseil qui ne gouverne plus que de loin l'entreprise, en en laissant la gestion effective à des sousordres. Il n'y a pas d'erreur plus profonde. Autant dire que dans une armée de cinquante ou cent mille hommes, le commandement n'appartient pas au général en chef, parce qu'au-

1. C'est la conclusion de l'enquête récente entreprise par l'*Office du travail* sur les associations ouvrières de production. Les seules qui ont réussi (et elles ne sont pas nombreuses) sont celles qui ont su se donner et garder des directeurs éminents, bien rémunérés et obéis.

« Les plans sociaux exposés par Marx semblent viciés par un oubli des analyses qu'ont faites les économistes modernes des fonctions des entrepreneurs d'affaires. » (Marshall, *Quelques aspects de la concurrence*, *Journal de la Statistical Society*, déc. 1890.)

dessous de lui un nombre considérable de généraux ou de colonels donnent des ordres. Dans une entreprise quelque vaste qu'elle soit, si elle réussit d'une façon durable, on peut constater que le principe de l'unité d'initiative est respecté, soit que cette initiative appartienne à un personnage unique qui n'est pas toujours celui qui, au premier abord, est le plus en vue, mais qui n'en existe pas moins, soit qu'elle revienne à un comité où généralement un de ses membres, par l'autorité de son caractère, par sa situation d'âge ou de talent, a la prépondérance. Quelque compliquée que soit en apparence l'organisation d'une grande industrie ou d'une vaste association commerciale, jamais, si elle prospère, elle ne ressemblera à ces masses chaotiques rêvées par le collectivisme, où la direction flotte au gré des votes individuels chargés de recruter les chefs, passe d'une main à l'autre suivant les caprices des subordonnés ou de ceux qui devraient l'être. Il y a dans une telle conception d'une entreprise collective quelconque une méconnaissance absolue du mécanisme *nécessaire* d'une association humaine en vue d'un effort concerté [1]. On voit par l'expérience ce qu'un système analogue pro-

1. « De la foule, écrivait récemment M. Hanotaux, il part une sorte de cri et d'exhortation incessante vers ceux qui sont aptes à diriger les autres. Sous la discipline formelle de la

duit en politique où le mal est en partie conjuré par une longue accoutumance à l'action de l'administration d'État, restée, elle, hiérarchique, et qui cependant même là engendre un désarroi, une stérilité ou une incohérence législative, une instabilité de gouvernement qui inquiètent tous les bons esprits : et on voudrait, contrairement à tous les enseignements de l'expérience, l'appliquer à l'organisme industriel !

Au fond, il s'agit de transporter dans le domaine de la production et de l'échange des principes qui sont des principes politiques abstraits. Ce n'est pas de l'agencement économique ou social existant qu'on déduit les règles qui devraient s'adapter à l'agencement économique et social de demain : c'est de l'ensemble des vues mal comprises et inconsidérément étendues du xviiiᵉ siècle sur l'égalité civique et sur la fraternité des hommes qu'on cherche à tirer la norme d'une organisation qui poursuit des buts très différents de ceux de l'institution politique. Il est rationnel et légitime de viser en principe dans celle-ci une œuvre de justice qui consiste à ce qu'un règlement artificiel et dépendant de la force, ou de la naissance, ne confine plus fatale-

société, il y a une discipline intime qui fait et fera de tout temps, avec les subordonnés des subordonnés, et avec les chefs des chefs. » *Rev. des Deux-Mondes*, 15 déc. 1898, p. 709.

ment les individus dans une case ou une caté-gorie sociale ; à ce qu'ils trouvent ouvert devant eux le chemin par lequel ils pourront s'élever grâce à leurs facultés, leur activité ou leur carac-tère. Voilà l'égalité politique : elle n'engendre nullement comme une suite nécessaire l'égalité économique ou l'égalité effective qui serait des-tructrice de tout, et qui est contraire à la nature.

En réalité d'ailleurs, tout agencement d'Etat, lui-même, aussi bien que tout autre, qui demande un effort de coordination prolongé et profond, tout agencement de ce genre qui continue à prospérer, échappe directement ou indirectement aux prin-cipes d'égalité qui sont censés régir nos établis-sements politiques fondés sur le suffrage uni-versel. Ainsi le corps administratif se constitue par des choix faits hiérarchiquement par en haut ; il a ses règles traditionnelles, même ses tribunaux : — l'armée applique à la défense nationale qui n'est qu'une grande entreprise collective, précisément l'inverse des principes de l'existence civile de la nation ; elle décrète que les uns obéiront aveuglément jusqu'à la mort, tandis que les autres désignés par un chef su-prême, commanderont sans contrôle : — l'Eglise s'appuie sur une organisation et une hiérar-chie supérieure, absolument opposées à celles qui président à l'Etat politique : — les diverses œuvres collectives d'intérêt scientifique, commercial ou philanthropique ne prospèrent qu'en se conformant à des règles de direction et de coordination très différentes de celles du suffrage universel et encore plus de celles que préconise le collectivisme[1].

En un mot, celui-ci a contre lui l'expérience universelle des règles de l'action collective.

Nous vivons en réalité sur une contradiction permanente et flagrante entre des devises de justice que nous inscrivons bruyamment et presque triomphalement, sans les expliquer suffisamment, à la façade de nos édifices politiques, et des règles de conduite que nous ne pouvons violer dans la pratique parce qu'elles sont éternelles et qu'elles se vengent immédiatement, par le désordre ou l'inertie qu'elles engendrent, des atteintes qu'on veut leur porter. Le simple fait qu'on ne les respecte pas scrupuleusement, qu'on les modifie dans quelques-unes de leurs parties par des concessions accordées à l'esprit de

---

1, En considérant même l'organisation politique proprement dite : pourquoi le « gouvernement de partis » malgré ses injustices et ses passions, est-il une des formes les moins mauvaises d'existence politique ? Uniquement à cause du principe de hiérarchie et de discipline qu'il implique. Nous avons développé cette idée dans *Souveraineté du peuple et gouvernement*, 1 vol. Alcan, éd. 1895.

popularité, amène de suite l'incohérence dans les choses de gouvernement et la ruine dans celles d'industrie : et ce mal que nous voyons surgir et empirer tous les jours, qui frappe les yeux les moins attentifs, qui trouble les plus optimistes, les collectivistes ne veulent pas en tenir compte ; ils refusent d'avouer le démenti que les faits sociaux quotidiens donnent à leur doctrine. « Toute la force du mouvement social, écrit M. Sombart, toutes les chances de son triomphe éventuel reposent sur le fait qu'il est chaque jour le représentant de la forme la plus avancée de la vie économique, de la production sur la plus grande échelle. » Encore faudrait-il comprendre ce que sont les véritables conditions de la production sur la plus grande échelle ; et c'est ce que ne semblent jamais avoir fait les marxistes. Ils ont confondu l'étendue de l'armée avec son organisation, fait abstraction de sa hiérarchie nécessaire, et cru qu'une mêlée d'hommes pourrait être une force productive, alors qu'elle ne serait qu'un chaos.

IV

Du spectacle de l'industrie moderne et de ses vastes organismes, le collectivisme n'a pas plus le droit de conclure à la rectitude de ses propres principes en matière de concurrence, qu'en matière de hiérarchie et de direction.

Le principe de la concurrence n'est pas en honneur auprès de nos modernes socialistes, ni même auprès de beaucoup d'esprits qui, sans verser dans le socialisme proprement dit, aperçoivent et signalent les inconvénients de la compétition universelle, les gaspillages de force vive dont elle est la source, les passions ou les procédés fâcheux qu'elle engendre ou qu'elle encourage.

Les maux de la concurrence existent en effet, et il est aisé de les mettre en relief. Il est également aisé de supposer un monde idéal où elle n'existerait pas, où une puissance supérieure, s'inspirant du bien général et poursuivant ce bien général par des desseins appropriés, règlerait la répartition des fonctions et celle des rémunérations, en supprimant entre les hommes les froissements, les doubles emplois, ou les injustices. Mais ce monde idéal n'existe que dans l'imagination de ceux qui se plaisent à le concevoir. Il n'a aucun rapport avec la réalité vivante telle que nous l'a léguée le passé, telle qu'elle s'incarne dans le présent qui existe sous nos yeux. Dans cette réalité vivante, la concurrence produit des maux incontestables :

mais à défaut de norme supérieure et équitable, elle a l'avantage de stimuler l'activité individuelle ou corporative. Même en ce qui concerne l'État, bien que dans une mesure atténuée, puisque la responsabilité des échecs ne retombe pas en somme sur les directeurs des entreprises publiques, elle conserve ses effets utiles, et c'est un point que n'observent pas suffisamment les écrivains collectivistes qui s'appuient sur l'exemple des organisations bureaucratiques de l'État, et malgré leurs défauts, en tirent des arguments en faveur de la socialisation du travail national. Si le domaine d'action de l'État a pu, dans les nations modernes, s'étendre considérablement, le contre-poids et le correctif nécessaires de cette extension constante, et dans une certaine mesure, peut-être inévitable, a consisté précisément dans le maintien, partout où la chose a été possible, d'une concurrence libre faite à l'État par les individus ou encore mieux par les associations. C'est cette concurrence et cette concurrence seule, qui éclaire, qui stimule, qui rectifie l'action administrative si périlleuse dans son inertie, dans ses partis pris, dans ses entraînements politiques ou autres, qui en atténue quelques-uns des vices, qui permet à l'opinion de la contrôler, de l'exciter ou de la contenir, suivant les circonstances, qui en un mot est le sage ennemi de la Fable, plus précieux que certains amis complaisants, — et dont on a cependant tant de peine à s'accommoder. Qui peut dire que les fautes des administrations d'Etat, si lourdes et si nombreuses déjà, ne seraient pas portées au décuple en l'absence d'un point de comparaison permanent avec des particuliers ou des compagnies libres ou à demi libres, dont l'exemple, ne fût-ce que pour des raisons d'amour-propre, retient les administrateurs et les fonctionnaires de l'Etat sur la pente des innovations, ou des routines et des laisser-aller également périlleux pour les finances publiques ? Parcourez toutes les branches de l'activité administrative : partout vous constaterez que là où elle rencontre la concurrence directe ou au moins l'exemple prochain de l'industrie ou de l'initiative privée, elle est plus ordonnée, plus économe, en un mot mieux gérée que là où elle se déploie sous le contrôle exclusif des ministres et du Parlement. Les preuves de fait abonderaient dans les chemins de fer[1], les fabriques de l'Etat, les établissements d'instruction, les services financiers,

1. M. Hadley, le professeur bien connu de la *Yale University*, en étudiant récemment devant le *Saint-Louis Railway Club* la question des chemins de fer d'Etat comparés aux chemins de fer privés, concluait ainsi :

« Au surplus, tous les perfectionnements sont dus à l'initia-

D'ailleurs, là même où la concurrence des particuliers ou des corporations libres ou demi-libres n'intervient pas, il reste encore l'influence indirecte des entreprises qui, dans des branches différentes, appliquent les principes de l'initiative privée et qui, grâce à ces principes, prospèrent en servant de modèles et de points de comparaison. Le grand courant de l'activité nationale est régi par ces mêmes principes et l'Etat, bien que paresseux dans sa marche ou entraîné par des courants dérivés secondaires, est néanmoins obligé de suivre l'allure générale du mouvement dans ses grandes lignes et ses procédés d'action essentiels.

Admettons, au contraire, le rêve du collectivisme réalisé, c'est-à-dire la suppression entière de la concurrence : supposons celle-ci, que nous voyons déjà actuellement partiellement amoindrie par les combinaisons de syndicats ou de *tracts*[1], définitivement annihilée par une intervention omni-sciente, omni-présente, omni-puissante de l'Etat : à quel désordre n'arriverait-on

tive privée : ce n'est que dix ans après que les entreprises privées de chemins de fer ont réalisé des perfectionnements ici ou en Angleterre, que les chemins de fer d'État du continent commencent à les imiter. L'invention et l'initiative ne sont pas stimulées, mais affaiblies par le contrôle gouvernemental. »

1. Sur l'étendue de l'action des *tracts* et ses limites de fait voir l'excellente enquête de M. Paul de Rousiers : *Les Industries monopolisées aux États-Unis*, Colin, éd. (1898).

pas ? Quel triomphe de la routine ! Quel gaspillage des forces vives de la nation ! Quel marchandage perpétuel d'influences électorales et gouvernementales ! Les vrais amis de l'extension de l'action de l'État devraient avant tout désirer, pour la rendre acceptable, qu'elle ne détruisît pas la concurrence individuelle ou corporative, et ils devaient chercher à démontrer que l'une pourrait respecter et laisser subsister l'autre, ce qui malheureusement dans la plupart des cas n'est pas facile à réaliser étant contradictoire ; de là notre peu de goût pour le rapide accroissement de l'*Étatisme*, première étape vers le collectivisme, qui serait l'Étatisme universalisé et privé de ses derniers freins.

V

Pure conception de l'esprit, déduite non de l'observation fidèle des faits, comme le prétendait Marx, mais simple enchaînement d'arguments dialectiques, au lieu d'être un aboutissant fatal et inévitable de l'organisation économique moderne, le collectivisme en est, en quelque sorte, la contradiction radicale et profonde. Il est beaucoup moins logique avec lui-même que l'ancien socialisme plus ou moins sentimental de nos pères : car celui-ci supposait tout d'abord une humanité régénérée par l'élévation même des mobiles qu'il lui suggérait, une société où le dévouement à l'intérêt général tenait lieu de tous les autres mobiles anciens de l'âme humaine. Dans ses visées nouvelles, il s'inspirait de l'exemple du passé religieux du monde policé pour concevoir une direction intellectuelle, morale et gouvernementale analogue à celle d'un clergé, d'intelligence et de science supérieures, dont l'autorité serait non seulement acceptée, mais acclamée et bénie par des fidèles obéissants et reconnaissants. C'était là des *postulats* chimériques mais du moins conséquents. Au contraire, le collectivisme et la démocratie-sociale qui en est sortie en Allemagne, partent des principes les plus radicaux de l'égalité révolutionnaire. C'est un égalitarisme farouche qui leur sert de base, et ils voudraient de ce nivellement préalable faire surgir une coordination industrielle appuyée exclusivement sur le suffrage universel. C'est au moment où, en matière politique, l'autorité qui se fonde sur celui-ci est ballottée entre des courants contradictoires, compromise par l'instabilité, tiraillée par les intérêts particularistes, et où l'on prévoit que si l'influence du suffrage populaire n'était pas contrebalancée par d'autres influences et d'autres survivances, il faudrait garder des doutes profonds sur l'avenir des sociétés auxquelles il sert de base, — c'est à ce moment que les collectivistes proclament son efficacité pour régler les questions les plus complexes et les plus délicates qui existent, celles de la répartition de la production industrielle et de l'échange commercial, et celles non moins aiguës et enchevêtrées de la rémunération relative des différents travaux de l'atelier humain. On croit rêver quand on entend les auteurs ou les propagateurs d'une pareille doctrine lui décerner le nom de « système scientifique » et opposer aux anciennes « utopies » socialistes, leur soi-disant réalisme positif. Dès qu'ils quittent la critique pour en venir à des principes d'organisation sociale, ils aboutissent au pur idéalisme, ou, pour mieux dire, au simple enfantillage paré d'un vêtement d'apparence scientifique.

« Une doctrine qui convie à la spoliation des riches ne peut pas ne pas avoir pour les déshérités de ce monde un certain attrait, écrivait récemment M. Blondel dans son « *Voyage Social en Allemagne* » (p. 11). Mais c'est la façon savante dont on fait miroiter à leurs yeux la possibilité de cette spoliation qui contribue à lui donner plus d'attrait. C'est une grande habileté de présenter ainsi la doctrine sous une forme scientifique. On la fait profiter du respect qu'inspire aujourd'hui à l'Allemagne tout ce qui porte la livrée de la science. »

Ce qui est vrai de l'Allemagne, l'est également de notre pays et de bien d'autres. Par les merveilles qu'elle a réalisées depuis un siècle, la science s'est légitimement créé, à tous les degrés de l'échelle sociale, une armée de croyants qui ont quelquefois, comme il arrive dans toutes les religions, plus de foi que de discernement. S'ils ne faisaient en matières sociales, que croire, sans pouvoir les vérifier, à un certain nombre d'affirmations philosophiques ou dogmatiques, il n'y aurait que demi-mal : mais trop souvent leur crédulité est exploitée par d'autres qui ne sont rien moins que naïfs. Sur le terrain du socialisme, le nombre de ceux qui exploitent ces *naïfs* par un moyen d'action encore dans sa nouveauté est grand. Ceux-là ne sont pas dupes, et savent très bien les défauts de l'arme qu'ils emploient : mais ils savent également que les souffrances ou les passions humaines n'y regardent pas de si près. Ils ont empenné de science la flèche anti-sociale, et pour la darder, comptent sur des cœurs enfiellés et aigris ; le soutien de logique qu'ils lui ont donné fait voler la flèche plus loin : mais le ressort qui la lance c'est l'éternelle souffrance, et le venin de la pointe a une origine qui semble également éternelle : l'envie.

II

LE SOCIALISME ÉLECTORAL [1]

Les socialistes se vantent d'avoir obtenu un million de suffrages aux dernières élections.

Mais on est bien embarrassé quand on veut aujourd'hui définir un socialiste. Le contact du socialisme avec le suffrage universel, le parti qu'il cherche à tirer du vote populaire pour ses prochaines destinées, l'ont transformé. Il tâche bien de conserver quelques-unes de ses anciennes apparences en continuant à se parer d'antiques désignations ; mais, quand on creuse sous la surface, on s'aperçoit que tout est changé : et, tout d'abord, les sentiments mêmes du socialisme vis-à-vis du suffrage universel.

Les socialistes ont, en France aussi bien qu'en Allemagne, été longtemps peu bienveillants pour le suffrage populaire.

1. A paru dans la *Revue politique et parlementaire* (octobre 1898).

Engels, le successeur de K. Marx, le qualifiait de « dernier instrument de règne des classes possédantes. »

En 1872, M. J. Guesde, devenu depuis député, et l'un des chefs du groupe collectiviste à la dernière Chambre, disait : « Rien de plus triste et de plus inexplicable que le charme que le suffrage universel exerce encore aujourd'hui sur la généralité de la classe ouvrière... Si l'histoire des récentes années a démontré quelque chose, c'est que l'émancipation politique du prolétariat, telle qu'elle résulte de son admission au scrutin, est une duperie : c'est que toute intervention électorale de la classe laborieuse tourne fatalement au profit de son ennemie, la bourgeoisie[1]. »

A cette époque, le Parti ouvrier s'inspirait directement de Marx et d'Engels pour chercher exclusivement par les moyens dits « écono-

1. Voir son discours reproduit dans la *Revue Parlementaire* (10 janvier 1897). — Les Allemanistes lancent encore au parlementarisme, où ils ont cependant eu des représentants, des reproches analogues. Voir leur organe *le Parti ouvrier*, par exemple le 12 juin 1897 :

« A l'assaut des vieilles formules législatives, sus au parlementarisme ! Que chaque élu qui se sent véritablement représenter une fraction populaire n'aborde plus la tribune que pour cracher toute l'expression de notre dégoût aux faces glabres des avortons bourgeois. » Etc.

miques », par l'organisation ouvrière nationale et internationale, par les syndicats, les caisses de résistance, les grèves, à réaliser la révolution sociale.

« Jusqu'ici, nous enseignâmes tous sous l'influence de Marx et de ses disciples, — écrivait, il y a quelques mois, Domela Niewenhuis, — que c'est le pouvoir économique qui détermine le pouvoir politique, et que les moyens du pouvoir politique d'une classe n'étaient que l'ombre de ses moyens économiques. Et maintenant, on vient nous dire que le pouvoir politique doit être conquis et que le reste se fera de soi!... Marx a dû se retourner dans son tombeau quand il a entendu défendre de pareilles hérésies par des disciples qui ne jurent que par son nom. »

Et, en effet, rien ne ressemble moins au peu d'enthousiasme de l'ancien parti pour le suffrage universel que l'empressement avec lequel nos socialistes d'aujourd'hui lui font des avances.

I

Au fond, on peut dire qu'interrompu par des incidents divers, par des réactions qui sont dans la fatalité des choses humaines, le mouvement du siècle a repris sa marche logique.

L'extension du socialisme est une conséquence du suffrage universel que Tocqueville et d'autres avaient prévue.

« Il était inévitable, écrivait celui-ci dans ses *Souvenirs*, que le peuple finirait par découvrir que ce qui le resserrait dans sa position, ce n'était pas la constitution du Gouvernement, mais les lois qui constituent la société elle-même... et qu'il se demanderait s'il n'avait pas le pouvoir de changer celui-là comme il avait changé les autres [1]. »

Le suffrage populaire ne s'est pas établi depuis cinquante ans sans modifier profondément l'idéal et l'objectif social. Quelques-unes de ces modifications sont assurément satisfaisantes pour l'humanité en général et à l'honneur de la démocratie ; ce sont celles qui ont amené, par un mouvement progressif des esprits et des institutions, la société à tourner le principal de son activité vers l'amélioration du sort du plus grand nombre de ses membres. Les classes qui, relé-

---

1. Cf. Henri George : « Fonder des institutions politiques d'après lesquelles les hommes sont théoriquement égaux, sur la plus choquante des inégalités sociales, c'est vouloir faire tenir une pyramide sur son sommet. » (*Progrès et pauvreté*, Introd.) — Laveleye : « Le xviiie siècle a dit à l'homme : Tu cesseras d'être l'esclave des nobles et des tyrans qui t'oppriment, tu seras libre et souverain. » Mais comment se fait-il que le souverain meurt souvent de faim ? »

guées au second rang de l'histoire, disparaissaient sous les récits de batailles ou sous l'éclat des castes privilégiées, sont devenues aujourd'hui à la fois la préoccupation et le point de mire des hommes d'État.

On a appelé le XIXᵉ siècle : « le siècle des ouvriers; » il faudrait l'appeler le siècle des humbles, et il mériterait bien son nom. De son amour des humbles, de sa recherche de l'instruction et du bien-être relatif des petits et des déshérités, de son sentiment toujours croissant de la solidarité sociale qui rattache le bonheur des mieux partagés de ce monde à la diminution des maux de ceux qui souffrent auprès d'eux, notre siècle finissant tirera son principal titre à la gratitude de nos descendants. On lui fera du moins honneur de ses bonnes intentions à cet égard, tout en constatant qu'il s'est plus d'une fois trompé dans ses moyens d'atteindre le but.

C'est que le suffrage universel, résultat en partie de cette conception du monde — qui est nouvelle, par certains côtés, quoique par certains autres elle remonte aux philosophes grecs, à la Bible et à l'Évangile, et qui fait de l'égalité et de la fraternité à la fois le point de départ et l'idéal de l'humanité régénérée — le suffrage universel a créé pour l'étude et pour la poursuite des réformes sociales un milieu tout ensemble entraînant et dangereux, une atmosphère de popularité pleine de germes pernicieux pour la santé de la nation.

Dans la ruine des anciennes autorités sociales, le nombre, devenu dépositaire et source de la puissance, s'est progressivement et naturellement porté vers ceux qui s'occupaient bruyamment de ses passions ou de ses intérêts. Quelques-uns parmi ces intérêts légitiment le souci constant qui entraîne nos politiques de tous les partis vers les questions dites sociales. Dans d'autres cas, les électeurs se réclament moins du zèle philanthropique des réformateurs que de leurs complaisances pour des tendances peu louables, ou pour des utopies qui coûteraient cher au budget national. Sans distinguer les mobiles, les candidats avides de recueillir les suffrages populaires se livrent à une surenchère perpétuelle de promesses ou de flagorneries. Aucun parti n'a été sans reproches sur ce terrain des marchandages électoraux. Un seul a été jusqu'au bout du système, et de ce qui était le vice d'un régime a fait en quelque sorte une doctrine : c'est le parti socialiste, entraînant derrière lui par une sorte d'engrenage fatal de recherche de popularité une bonne portion de l'ancien parti radical.

C'est ainsi qu'après avoir passé, dans le courant

du siècle, par des phases diverses, religieux et autoritaire avec Saint-Simon, humanitaire et sentimental avec Fourier, dialectique avec Proudhon, scientifique de prétention avec Marx et Lassalle, le socialisme se présente aujourd'hui avant tout comme une puissance électorale, visant la conquête, par le bulletin de vote, du Parlement et des influences politiques et sociales qui en dépendent, — non pour transformer le monde suivant un idéal élevé et désintéressé, mais pour s'emparer tout d'abord au profit de ses clients de ce que, sous son organisation actuelle, le monde offre déjà d'avantageux.

Sous cette forme nouvelle il est devenu très positif : le mot même de socialisme, appliqué à sa présente incarnation, sonne comme une sorte de paradoxe ; car si le parti qui prend ce nom cherche à agir par la force « sociale », c'est en vue de profits individuels qu'il fait soigneusement reluire devant les yeux de la foule, et nullement par cet esprit de sacrifice à l'État, à la Société, qui était l'objectif, au moins apparent, de certaines sectes communistes anciennes, qui constituait le patriotisme de l'antique cité, qui a encore fait l'honneur des écoles de 1830 [1].

1. « S'il ne faut dans nos rangs que des désintéressements, il ne nous reste qu'à licencier notre parti ! » s'écriait derniè-

De plus, le nouveau socialisme veut aller vite.

Les anciennes doctrines supposaient dans les âmes et dans les cœurs une profonde transformation, qui les inclinait sous l'autorité d'une élite, en quelque sorte sacerdotale, et les échauffait d'une profonde impulsion de philanthropie. Le collectivisme lui-même, plus matérialiste, subordonnait la réforme économique à une vaste refonte du monde du travail, qui avait le mérite de la reculer dans le temps et de la discipliner, en quelque façon, par avance, en l'obligeant à une chimérique organisation. Les nécessités électorales ont amené nos socialistes à faire des promesses à bien plus brève échéance et à simplifier considérablement les conditions de la réalisation. Instinctivement, électeurs et élus ont senti qu'une société coordonnée suivant les formules vagues de Marx et d'Engels, c'était bien loin ou bien nuageux, et qu'il valait beaucoup mieux, réforme pour réforme, se servir de ce qu'on avait sous la main, déjà tout préparé par le capitalisme. Pourquoi tant de transformations complexes et embrouillées dans le principe de la propriété, quand on peut, par un article de loi, la faire passer des mains de Jacques, qui l'a reçue en patrimoine, ou acquise, à celles

rement un orateur collectiviste devant un auditoire populaire.

de Pierre, qui se croit en droit d'en profiter? Pour cela on n'aura besoin que d'une simple distinction entre la propriété dite « capitaliste », et l'autre comme point de départ, et de quelques lois d'impôt comme moyen. De cette façon, sans rien définir avec précision et par conséquent sans s'engager, on satisfera d'avance les jalousies ou les convoitises des petits contre les gros; sans alarmer le nombre, on s'assurera des conquêtes faciles dans les rangs du suffrage universel.

Aussi actuellement devant les masses électorales, ne diffère-t-on que par la quantité ou la qualité de ce qu'on promet.

L'enrôlement des électeurs est devenu la grande préoccupation des chefs de parti, la propagande à coups de promesses la principale visée des journaux. Quant aux théories proprement dites, elles ne tiennent presque plus de place dans les campagnes électorales. Les doctrines ont, en quelque sorte, fondu, ou plutôt on les tient en réserve comme une sorte de vision mystérieuse sur laquelle il convient de ne pas lever le voile.

« Quel est l'objet actuel du groupe des socialistes dits « parlementaires » ? constatait dernièrement M. E. Reclus (*Préface du socialisme en danger.*) Recueillir des votes et conquérir les pouvoirs publics... en attirant les électeurs par toutes les manœuvres qui les séduisent, en se gardant bien de heurter leurs préjugés. » Loin de les heurter, on les flatte et on les caresse : les excitations des rancunes ou des convoitises de classes ou de groupes, les critiques violentes contre les charges fiscales ou civiques imposées aux citoyens, les projets de spoliation des plus riches au profit des moins fortunés, soit par la taxation, soit par l'expropriation directe, envahissent la presse, retentissent dans les réunions.

Rien n'est plus facile pour les meneurs que d'approprier leur système de dénigrement continu aux circonstances fuyantes de la politique, aux passions locales ou transitoires, aux souffrances trop réelles des populations, aux questions mêmes de justice qui agitent la conscience publique et d'où devraient être bannies toutes les préoccupations autres que celles de la vérité. Les dénonciations et les protestations du parti naissent de tous les incidents, se greffent sur toutes les infortunes, se grossissent de toutes les difficultés qui surgissent dans la vie nationale de chaque jour : c'est un déversoir où aboutissent les multiples canaux de l'existence du pays et qui n'en garde que la boue ou les cailloux, sans rien retenir de ce qui y coule d'eau à peu près limpide. Des mains habiles et actives remuent cette boue et ces pierres et les font remonter à la surface. Les électeurs, qui, chaque matin, aperçoivent étalé sous leurs yeux, par les journaux, ce résidu fangeux ou hérissé, en emportent de la société une image aigrie et empoisonnée.

C'est bien là ce qu'on veut. Les lecteurs, alléchés dans leurs convoitises ou attisés dans leurs rancunes, sont de futurs votants pour les candidats socialistes.

« Nous n'avons pas besoin d'être des émeutiers, écrivait un des chefs du socialisme parlementaire[1], en un temps et en un pays où la légalité, même bien maniée, est révolutionnaire et où le régime parlementaire peut être un formidable engin de dislocation et de rénovation. Nous nous servons, contre la société injuste et barbare, du mécanisme même qu'elle a créé. »

II

Les candidats socialistes ont naturellement commencé leur travail, il y a déjà bien des années, par les grandes villes et par certains centres manufacturiers : là, l'agglomération et comme la coagulation des souffrances et des passions hu-

1. M. Jaurès. Lettre préface au volume de M. Huret : *Enquête sur la question sociale.*

maines, la concentration des usines, le contact de la pénurie du grand nombre avec le luxe et parfois le faste imprudent de minorités opulentes, les rancunes nées de grèves fomentées souvent par des syndicats, plus politiques qu'industriels et qui ont laissé derrière elles bien des misères, la main-mise d'un groupe de meneurs audacieux et tenaces sur des groupes d'électeurs timorés et passifs, l'influence d'une presse violente qui ne recule devant aucune injure, devant aucun mensonge, qui tous les jours poursuit sa tâche consciemment corrosive et destructive, — à l'instar d'une goutte de poison virulente et désorganisatrice des tissus vivants, tombant à coups incessants sur le même point d'une même plaie, — leur ont procuré pas mal de sièges aux conseils municipaux et même pas mal d'hôtels de ville ; puis ils ont compté aux élections législatives, depuis 1893, un grand nombre de victoires. En France, comme en Allemagne, en Belgique, en Italie, en Autriche[1], ils ont introduit aux Parlements des groupes compacts, ardents, bruyants, assez bien réglés

1. Les journaux socialistes prétendent, probablement avec une certaine exagération dans les chiffres, que les Parlements français et étrangers comptent actuellement : France, 60 députés ; Allemagne, 60 ; Italie, 19 ; Danemark, 0 ; Belgique, 29 ; Autriche, 16 ; qui représenteraient 4 à 5,000,000 de voix.

dans leur stratégie, et avec lesquels gouvernements et oppositions sont obligés de compter. Nous les avons vus à l'œuvre chez nous pendant quatre ans. Personne n'a oublié leur rôle tapageur et obstructionniste à la dernière Chambre, ni leur ingérence incessante dans les agitations industrielles. Leur principale force a été de représenter en quelque sorte au Parlement l'aboutissant logique du système de surenchère électorale qui est devenu le régime du suffrage universel, et, par là, de forcer un bon nombre d'anciens radicaux à faire chorus avec eux, pour conserver la popularité que le parti avancé de naguère sentait lui échapper. L'entrée du socialisme à la Chambre a eu pour effet de faire disparaître, comme d'un coup de vent subit, semblables à de vaines ombres auxquelles personne ne croit plus, les anciennes revendications politiques du parti radical des grandes villes. Combien ont subsisté, aux dernières élections, de ces vieilles formules de réformes d'État, aujourd'hui si discréditées et qui retentissaient naguère à la tribune ou dans la presse, à la grande joie de la démocratie dite avancée ? On les a comparées spirituellement aux maîtresses successives et rapidement abandonnées de Don Juan[1]. La démocratie radi-

---

1. Discours de M. P. Deschanel.

cale n'y songe plus et veut actuellement des
satisfactions plus substantielles : mise en goût
par les promesses socialistes, elle demande à ses
représentants des réformes qui touchent de plus
près à son bien-être que la revision de la Constitution ou la séparation de l'Eglise et de l'Etat,
qui lui apportent des résultats plus tangibles que
ceux des illusoires réformes sociales accomplies
par le Parlement depuis dix ans et qui n'ont
satisfait personne. Et c'est ce que lui promet
ce nouveau socialisme qui, brûlant, comme le
lui conseillait Vollmar, ses anciennes brochures,
au lieu de rester une propagande de doctrines
utopistes difficiles à comprendre pour des cerveaux français, devient un simple défilé de
revendications violentes contre l'ordre social
existant, avec de vagues visées d'un Eldorado
futur qui suivrait le triomphe des candidats du
parti. Ceux-ci, cette année, comme en 1893, ont
promis à la masse électorale toutes les satisfactions imaginables ; ils flattent l'être humain
dans ses passions, ses besoins ou ses convoitises
matérielles, sans jamais lui parler du devoir, de
nécessité sociale ou patriotique, de sacrifice à
l'intérêt général du pays. Ils lui montrent l'Etat
prêt à le servir de sa toute-puissance, sans
rappeler que le fondement même de cet Etat,
s'il doit réellement être quelque chose d'élevé

et de durable, c'est l'abnégation et comme le désintéressement des citoyens en faveur de la chose publique. La « solidarité sociale » dont on a fait tant de bruit, n'apparaît plus, dans leur bouche, comme une source de devoirs pour tous, mais comme une simple garantie du droit de chacun à compter sur l'État pour améliorer son sort et celui de sa famille : c'est l'organisation de la mendicité sociale. Ils ont simplement découpé pour leur propagande générale la partie économique du *Programme du Parti ouvrier* voté par le Congrès de Marseille : La réduction à huit heures de la journée de travail ; le minimum de salaires ; l'égalité de salaires pour les ouvriers de toute nationalité et pour les travailleurs des deux sexes ; l'intégralité de l'instruction scientifique et professionnelle ; la mise à la charge de la société des enfants et des vieillards ; la gestion par les ouvriers des caisses des Sociétés de secours et de prévoyance, « sans aucune immixtion des patrons » ; la responsabilité des patrons en matière d'accidents ; l'interdiction des amendes ; — puis, pour la partie générale du programme, l'abrogation de tous contrats ayant aliéné la propriété publique ; l'impôt progressif sur le revenu et la suppression de l'héritage ; l'abolition des lois restrictives de la liberté de presse et de réunion ; la suppression du budget des cultes, de la dette publique, des armées permanentes ; la liberté communale...

Viennent ensuite les revendications locales, qui varient naturellement suivant les circonscriptions : la création d'usines municipales, pour distribuer la lumière et la force à prix de revient ; la fondation de boucheries communales ; l'organisation de représentations théâtrales gratuites ; l'extension des cantines scolaires ; la laïcisation des bureaux de bienfaisance, des hospices et hôpitaux, la distribution du pain à domicile ; la création d'une caisse de chômage ; la permanence de fourneaux économiques ; etc., etc.

En somme, il n'y a rien eu de nouveau, dans le programme électoral socialiste-collectiviste urbain, aux dernières élections ; c'est le programme élaboré naguère par les Congrès ouvriers, simplement abrégé et précisé sur certains points [1]. Malgré l'échec retentissant de deux de

1. Voici, par exemple, le programme de M. J. Guesde à Roubaix :

« Jules Guesde continuera, tout en préparant l'avenir, à sauvegarder et à améliorer le présent. Il poursuivra la réalisation de toutes les réformes qui figurent au programme du Parti, en commençant par les quatre suivantes qui s'imposent aux premiers débats de la nouvelle Chambre et que le Parti socialiste est décidé à faire aboutir immédiatement avec le concours de tous les vrais républicains :

leurs chefs, MM. Jaurès et Guesde, et la non-réélection à Paris de plusieurs de leurs collègues les plus marquants, les candidats de ce parti ont, dans les centres manufacturiers et dans les grandes villes, recueilli plus de 400.000 suffrages, qui sont venus non pas au collectivisme, qu'on

Législation réellement protectrice du travail sur les bases de la journée de huit heures ; interdiction du travail de nuit ; repos obligatoire d'un jour par semaine ; élection, par les ouvriers et ouvrières constitués en collège corporatif, des inspecteurs et inspectrices du travail et du conseil supérieur du travail.

Réduction immédiate à deux ans du temps de service dans l'armée active, sans autre dispense qu'à titre de soutiens de famille, et comme première étape vers la transformation nécessaire des armées permanentes en milices nationales.

Suppression des quatre contributions directes (patentes, cote mobilière et personnelle, portes et fenêtres, impôt foncier) et leur remplacement par un impôt personnel, général et progressif, sur les revenus supérieurs à 3,000 francs, et par un accroissement également progressif des droits sur les héritages supérieurs à 50,000 francs (contre-projet déjà déposé par Jaurès, Jules Guesde et Millerand, le 10 juillet 1894).

Pensions de retraites pour la vieillesse ouvrière et paysanne demandées à la contribution combinée de l'État d'une part, de la grande propriété terrienne et du grand patronat industriel et commercial, de l'autre. Et, au cas où ne pourrait être évitée une retenue sur les salaires ouvriers, adoption du projet Jacques Escuyer qui, s'il impose aux ouvriers, aux employés, et aux petits cultivateurs le versement d'un franc par mois, leur assurerait dès aujourd'hui : 1° à tout âge, en cas de maladie une somme de 1 fr. 50 par jour et les soins médicaux et pharmaceutiques gratuits ; 2° à partir de 60 ans, une rente annuelle de 500 francs.

ne leur avait pas prêché, mais au socialisme de classe, ce qui est bien différent[1].

III

Le parti socialiste, déjà maître de plusieurs grandes villes et agglomérations manufacturières, a besoin des campagnes pour augmenter son corps d'armée, pour s'étendre et constituer peu à peu cette légion électorale d'où dépend son avenir parlementaire et sans laquelle la conquête des pouvoirs publics, son idéal actuel, n'est qu'un vain mot.

C'était là un terrain d'action très nouveau pour le socialisme électoral. S'il avait trouvé dans bon nombre de ses auditeurs industriels de

1. « Le jour viendra, écrivait Macaulay dans une page célèbre qu'on ne saurait trop rappeler, où une multitude de gens qui n'ont qu'un maigre déjeuner et qui n'attendent pas un meilleur dîner, auront à élire des Chambres; peut-on douter du caractère des Chambres qui seront élues ? Voici d'un côté un homme politique qui prêche la patience, le respect des droits acquis, la fidélité aux engagements publics : voici de l'autre un démagogue qui déclame contre la tyrannie des capitalistes, qui demande de quel droit quelqu'un boit du champagne et va en voiture, tandis que des milliers de braves gens manquent du nécessaire. Lequel de ces deux candidats a le plus de chances d'être élu par l'ouvrier dont les enfants demandent du pain? »

5.

faciles adhérents, dans les campagnes la résistance est, en général, plus sérieuse et plus profonde. Les anciennes influences de familles ou de classes s'y sont mieux maintenues. Le paysan est méfiant et attaché à ses habitudes. Le peu de consistance sociale et le ton enflammé de plusieurs des prédicateurs de socialisme l'effraient volontiers. Il s'est tout d'abord souvenu des partageux de 1848 et a fait un froid accueil à ceux qui lui apparaissaient comme leurs imitateurs.

C'est qu'ici, ce que les écrivains marxistes appellent volontiers du nom assez barbare de *structure économique sous-jacente,* c'est-à-dire l'organisation du travail et de la propriété, ne ressemble guère à cette concentration des hommes et des choses qui a tant facilité au socialisme sa propagande dans les villes ou les milieux manufacturiers. A la campagne, c'est *l'ordre dispersé* qui règne, et il n'est pas favorable au collectivisme[1]. Il ne lui fournit ni fallacieuses analogies d'organisation, ni prétextes à réformes radicales. Les passions des populations rurales — l'évolution entière de l'histoire le prouve — sont dans le sens de l'individualisme,

______

1. Voir une judicieuse étude de M. Henri, sur « le Socialisme agraire » dans les *Annales de l'École des Sciences politiques,* 15 septembre 1896.

parfois de l'individualisme outré. Nos révolutions ont été faites pour constituer la petite propriété, et leur résultat le plus certain a été la formation et le maintien de la petite propriété. Tout a été dit sur l'amour du paysan, pour la terre, pour *sa* terre. Tenter d'arracher à « la stupidité paysanne » — (le mot est d'un écrivain collectiviste) — cette passion profonde, dans un pays où elle a pu, dans une large mesure, être satisfaite, c'eût été une tentative puérile. Les socialistes s'en sont vite aperçus. Ils se sont trouvés acculés à la nécessité, soit d'abandonner leurs projets de conquête des majorités agricoles, soit de modifier profondément, pour les faire aboutir, une bonne partie de leur programme collectiviste. La transformation ne s'est pas faite sans une résistance opiniâtre d'une portion du parti. On a plus d'une fois rappelé les protestations indignées d'Engels et des fidèles disciples allemands de Marx[1] contre les traîtres

1. Dans le « Capital » Marx avait écrit : « Le régime de petits cultivateurs indépendants travaillant pour leur propre compte, n'est compatible qu'avec un état de la production éternellement borné. Il doit être *anéanti*. La grande industrie fait disparaître le paysan, ce rempart de l'ancienne société. » « Contre la thèse actuelle des socialistes français sur la petite propriété, écrit M. G. Deville (*Principes socialistes*, page 53), Engels a mobilisé toutes les ressources de son puissant esprit et jeté dans la balance le poids de son autorité. Engels s'est trompé,

et les fourbes, contre les « dresseurs de pièges à paysans ». De ces objections, les habiles du parti n'ont tenu aucun compte. Ils ont peu à peu supprimé de leur soi-disant collectivisme tout ce qui pouvait être considéré comme une condamnation de la propriété individuelle. Ils ont suivi les conseils que leur donnait un de leurs orateurs : « Avoir peur de faire peur. » Au lieu d'attaquer de face la position, ils la tournent habilement. Ils ne menacent plus en apparence la petite propriété ; au contraire, ils lui prodiguent les flatteries et les promesses ; ils font ce qu'on a appelé spirituellement du « socialisme en sabots[1] ». Actuellement, dans le parti, le mot d'ordre est de plaindre la propriété paysanne : au lieu de la réprouver comme propriété individuelle, on s'apitoie sur elle.

« Le parti socialiste, maître des pouvoirs, avait dit M. P. Lafargue au Congrès de Roanne, loin de vouloir déranger le paysan propriétaire

et se trompent avec lui Kautsky et ses partisans. » Le socialiste allemand opportuniste Vollmar a dit avec plus de franchise : « Il faut, à l'égard des paysans, changer complètement notre façon d'agir : il faut brûler d'abord toutes les vieilles brochures dont nous nous sommes servis pour la propagande industrielle. »

1. M. J. Bourdeau, dans ses excellentes chroniques sur le mouvement socialiste, dans la *Revue politique et parlementaire.*

dans la tranquille possession de ce lambeau de terre qu'il féconde de ses sueurs, supprimera les impôts qui pèsent sur lui, le débarrassera des usuriers qui la dévorent, en abolissant les dettes chirographaires et hypothécaires[1]. Il supprimera les droits de mutation pour les propriétés au-dessous de 5,000 francs, dégrèvera de l'impôt foncier les propriétaires cultivant eux-mêmes et l'abaissera pour ceux dont la terre est grevée de dettes hypothécaires. En attendant l'abolition de tous les impôts indirects, peu à peu tous les impôts directs seront transformés en un impôt global progressif sur les revenus dépassant 3,000 francs. Pour ceux qui sont obligés de louer des terres aux grands propriétaires, les baux de fermage seront réduits par des commissions d'arbitrage. »

En attendant ces réformes, la propriété paysanne est misérable ; elle est prête à s'anéantir dans une sorte de féodalité reconstituée. Le prolétariat rural va croissant ; les machines suppriment ou abaissent les salaires ; le métayage réduit le paysan à la mendicité ; la spéculation

1. Tocqueville avait dit dans ses « Entretiens » avec Senior, p. 200 : « Il est clair que le premier acte d'une république rouge serait d'abolir directement ou indirectement les dettes hypothécaires. Un tel gouvernement ne vivrait peut-être pas six mois, mais il pourrait faire cela en six jours. »

des grands capitalistes dépouille le cultivateur de son modique gain de tous les jours[1].

Voilà ce qu'on lui dit, et le programme du socialisme politique actuel est de prétendre qu'il veut et peut réparer ces ruines : non seulement la petite propriété paysanne étant considérée comme un instrument de travail aux mains des travailleurs, sera respectée, mais elle sera étendue au moyen des grands domaines repris à leurs détenteurs oisifs[2]. Peu importe d'ailleurs aux orateurs du parti qu'on leur démontre qu'il est impossible de définir nettement ce qu'ils entendent par « petite propriété ». Ils se sont vainement évertués, dans la précédente Chambre, à distinguer la propriété individuelle « respectable », de la propriété dite « capitaliste », qui, d'après leurs dernières déclarations, devrait seule être socialisée[3]. Quand

1. V. les discours de M. Jaurès sur la question agricole, à la Chambre, juin 1897.

2. Congrès de Marseille 1892 et de Nantes 1894.

3. Le vrai programme collectiviste, celui du parti ouvrier élaboré par plusieurs congrès successifs et tel qu'il a été répandu aux élections de 1893 (notamment par M. J. Guesde à Roubaix), portait textuellement :

Considérant que les producteurs ne sauraient être libres qu'autant qu'ils seront en possession des moyens de production (*terres*, usines, navires, banques, etc.) ; qu'il n'y a que deux formes sous lesquelles les moyens de production peuvent leur appartenir :

1° La forme individuelle ;

on leur a demandé d'indiquer un critérium précis, ils n'ont rien pu répondre. Leur ancien allié lui-même, M. Goblet, a dû, dans une lettre ouverte à la *Petite République*, déclarer que la limitation chimérique qu'ils essayaient d'établir n'était qu'un jeu d'enfants. « Il vous est impossible, écrivait-il, de distinguer entre la propriété individuelle et la propriété capitaliste... M. Deville, dans son discours, avait semblé d'abord n'accorder le titre de propriété individuelle qu'à la terre exploitée par le petit propriétaire et qui suffit à ses besoins sans les dépasser. Mais tout aussitôt il ajoutait que cependant « là où il y a possession suffisante pour pouvoir occuper des salariés, mais insuffisante pour dispenser le possesseur de mettre lui-même la main à l'œuvre, on n'a pas affaire à un véritable capitaliste »... Voilà un

2° La forme collective ;
Considérant que cette appropriation collective ne peut sortir que de l'action révolutionnaire du prolétariat organisé en parti politique distinct ;
Les travailleurs socialistes français, en donnant pour but à leurs efforts l'expropriation politique et économique de la classe capitaliste et le *retour à la collectivité de tous les moyens de production*, etc.
Depuis le manifeste de Saint-Mandé, cette partie très nette du programme a été remplacée par la formule beaucoup plus vague de « la substitution de la propriété sociale à la propriété capitaliste ». V. plus loin *Équivoques collectivistes*, p. 100.

propriétaire qui engage des travailleurs, qui les dirige : met-il la main à l'œuvre dans le sens de M. Deville ? — ou bien faut-il qu'il prenne une part matérielle au travail, qu'il se serve de l'outil, de la bêche ? — Alors, combien faudra-t-il qu'il donne de coups de bêche pour que son exploitation prenne le caractère d'exploitation capitaliste?... » Nous ne nous chargeons pas de répondre aux questions de M. Goblet, et nous ne croyons pas que les candidats collectivistes lui répondront davantage. Ils ont tout profit à laisser la question de la délimitation de la grande et de la petite propriété dans le vague et à faire à celle-ci de généreuses promesses, sans bien définir à qui iront les bienfaits de la nouvelle ère sociale et à qui ils seront refusés. Ils enveloppent volontiers d'ombre tout ce côté de la question. Ils menacent d'une façon générale la propriété d'une socialisation qui consisterait à donner la nue-propriété à la communauté sociale en ne laissant que l'usufruit aux détenteurs actuels des petits lots, sans même dire nettement si ceux-ci pourraient revendre et sous quelles conditions, à d'autres détenteurs. Le système tout entier est tellement obscurci de ténèbres ou de contradictions qu'il est impossible de le définir nettement. On l'a bien vu à la dernière Chambre, lorsque M. Méline, pressant de questions les orateurs socialistes, ceux-ci s'en sont tirés par des faux-fuyants, ou en donnant leur opinion personnelle sans oser engager le parti[1]. En tous cas, ils n'ont pas pu démontrer comment, en prétendant sauvegarder la petite propriété, ils ne lui portaient pas atteinte, lorsqu'ils réduisaient le droit du propriétaire soit à n'aliéner ou à ne léguer que dans certaines conditions ou sous certaines restrictions, soit à ne prendre pour l'aider dans la culture qu'un nombre déterminé d'auxiliaires salariés.

Pour qu'on ne puisse pas leur reprocher de tuer la petite propriété, les socialistes préfèrent essayer de démontrer qu'elle est, par le fait même du régime capitalistique, en voie de disparaître, sans que le socialisme y soit pour rien.

Actuellement, disent-ils, ce soi-disant pilier de l'ordre capitalistique, la propriété paysanne est déjà une légende. « Elle est entrée en agonie. » Les paysans dits « propriétaires » se distribuent deux millions et demi d'hectares entre cinq millions de possesseurs, soit un demi-hectare par individu. Quelques-uns n'ont comme domaine qu'un « mouchoir » — C'est de la poussière de propriété.

1. Voir notamment l'interruption de M. G. Deville dans le discours de M. Méline à la Chambre.

Pendant ce temps, la grande propriété se reconstitue aux dépens de la petite et de la moyenne. Les grands propriétaires se partagent déjà, entre 29,201 personnes, douze millions d'hectares (sur 49 millions soumis à l'impôt foncier), soit 452 hectares par propriétaire. Les lambeaux qu'ils laissent aux paysans sont insuffisants à leur procurer des moyens d'existence ; ils ne servent qu'à les retenir aux champs « pour que les propriétaires capitalistes aient toujours à leur disposition des journaliers[1] ».

1. *Programme agricole du parti ouvrier*, commenté par P. Lafargue. Ces chiffres ne sont nullement d'accord avec ceux des statistiques officielles de 1882 et 1884. Celle de 1892, qui vient d'être connue, donne le résumé suivant :

	Nombre des exploitations	Étendue des hectares
De moins d'un hectare.. .	2,235,405	1,327,253
De 1 à 10 hectares.. . .	2,617,558	11,244,750
De 10 à 40 hectares.. . .	711,118	14,313,417
Au delà de 40 hectares.. .	138,671	22,403,303

Il en résulterait l'attribution de plus de 2 hectares 1/2 en moyenne à chacun de nos quatre millions huit cent mille petits propriétaires (si l'on admet que ceux-ci représentent les domaines au-dessous de 10 hectares). Voir le discours de M. Deschanel en réponse à M. Jaurès, 10 juillet 1897, et l'*Économiste français* (21 janvier 1898). Le discours de M. Méline sur la crise agricole (13 novembre 1897) a démontré que, d'après l'enquête de 1892, la petite propriété était loin de diminuer, sauf celle des ouvriers agricoles qui vont chercher du travail dans les villes.

On s'intéresse tout particulièrement à ceux-ci, car ils représentent une grosse armée électorale : 1,486,687 journaliers proprement dits et 1,954,251 domestiques à gages, hommes ou femmes[1]. On fait ressortir leur déplorable salaire, les conditions pénibles de leur existence. « En hiver vos familles souffrent : le grand propriétaire, votre patron, s'en moque bien, il nourrit ses chevaux... mais vous, il ne vous nourrit pas, il n'a pas besoin de vous et il vous renvoie. Vous sentez bien par là la cruauté de cette classe capitaliste qui soigne chevaux et mulets, mais que le sort des hommes et des enfants laisse indifférente... Pourquoi êtes-vous malheureux ? — Parce que, conformément à la doctrine socialiste, vous ne possédez point les moyens de production... Le parti socialiste veut vous donner la terre... en transformant les grandes propriétés

---

1. V. *Essai de propagande socialiste dans les campagnes*, par le Dr Delon, précédé d'une préface de M. Millerand (1896), et le discours de M. Jaurès à la Chambre, 20 juin 1897. On omet de dire que sur ces 1,500,000 journaliers il y avait, en 1882, 730,000 petits propriétaires. Dans l'enquête de 1892, les journaliers ne sont plus que 1,210,081. Voir dans le *Journal des Débats* (5 mars 1898) un article où M. D. Zolla prouve que, tandis que le produit de la culture ou de l'affermage baissait sensiblement pour le propriétaire, le salaire des ouvriers agricoles a un peu augmenté depuis dix ans, au moins dans certains départements. Le discours de M. Méline constate l'état stationnaire, ou même une légère baisse dans certaines régions.

en propriétés communales et nationales qui seront mises sous des formes diverses à la *libre disposition des travailleurs'* ».

IV

Malgré leurs réserves et leurs précautions oratoires, ceux qui apportaient dans les campagnes des programmes aussi radicaux ont rencontré, dans la majorité des circonscriptions

1. « Il nous manquait, déclarait le *Réveil du Nord* pendant la période électorale, un pont pour aller porter la parole socialiste aux travailleurs des champs ; ce pont a été construit avec le programme agricole, sorti des congrès nationaux du parti ouvrier tenus à Marseille en 1892 et à Nantes en 1894.

« Dès son apparition, nos adversaires, qui, pour nous combattre en dernière instance, s'abritaient derrière les campagnards comme les guerriers d'autrefois derrière leurs boucliers, jetèrent les hauts cris et tremblèrent de tous leurs membres. Nos adversaires ne se trompaient pas ; ils pressentaient l'avenir qui allait assombrir leurs destinées. Les fourches qu'ils nous prédisaient si facilement allaient traîtreusement se retourner contre eux.

« Et, en vérité, partout où les travailleurs de la terre ont eu connaissance de notre programme, partout où nos militants ont pu le faire pénétrer soit à l'aide de discours, soit à l'aide de brochures, des sympathies de plus en plus nombreuses lui sont venues.

« Notre programme agricole, traduisant leurs revendications premières, a été en même temps que leur signe de ralliement le poteau indicateur de la route socialiste.

« Comme prolétaires agricoles, bouviers, valets de ferme,

rurales, cette méfiance instinctive à laquelle nous faisions allusion et qui se tourne contre les faiseurs de *boniments* étrangers aux choses locales, venus on ne sait d'où et qui choquent des oreilles habituées à plus de prudence et à moins d'éclats. Dans maint auditeur campagnard

filles de ferme, et autres, loués à l'année ou à la journée, c'est la fixation par les conseils municipaux et par les syndicats ouvriers là où il serait possible d'en créer, d'un minimum de salaire leur permettant de vivre et de faire vivre leur famille; c'est encore, pour juger les différends possibles, entre patrons et ouvriers, la création de prud'hommes agricoles.

« Comme invalides et vieillards, après une vie de travaux et de privations, c'est la constitution d'une caisse de retraites alimentée par un impôt spécial sur les revenus des gros propriétaires fonciers.

« Comme malades, c'est l'organisation dans chaque canton d'un service permettant les soins gratuits d'un médecin et l'achat, à prix de revient, des médicaments nécessaires à la santé.

« Comme réservistes, c'est pendant les périodes d'appel, le versement d'une indemnité, remplaçant le salaire perdu, à la charge de l'État, du département et de la commune.

« Comme familles déshéritées, c'est la jouissance des terrains possédés par la commune, à charge par ces familles de ne pas employer de salariés et d'abandonner une partie de leurs récoltes, à déterminer, au profit du budget de l'assistance communale.

« Comme fermiers et métayers, c'est la réduction, par voie d'arbitrage, de baux trop étendus; c'est aussi à ces mêmes fermiers et à ces mêmes métayers une indemnité pour la plus-value donnée à la propriété qu'ils quittent.

« Comme petits cultivateurs, c'est l'usage gratuit ou la location à prix de revient de machines agricoles achetées par la survit un vieux gaulois sceptique et ironique qui veille et qui tient l'électeur en garde contre les distributeurs de flagorneries trop retentissantes. Les collectivistes, même en mettant beaucoup d'eau dans leur vin, lui parlent de réformes tellement profondes et absolues qu'avec son gros bon sens et son expérience des réalités de chaque jour, il ne peut les croire exécutables; il se sent mal en confiance vis-à-vis ceux qui, après avoir déjà manqué à pas mal de promesses, s'engagent à bouleverser le monde en un clin d'œil.

commune avec le concours de l'État; c'est encore l'abaissement des tarifs des transports pour les engrais, pour les machines et pour les produits agricoles; c'est surtout selon les termes mêmes de notre programme, la constitution d'une réserve insaisissable, comprenant les instruments aratoires, les quantités de récoltes, fumier et têtes de bétail indispensables à l'exercice du métier.

« Comme petits propriétaires, cultivant eux-mêmes, c'est la suppression de l'impôt foncier, en attendant la suppression de tous les impôts et leur remplacement par un impôt progressif sur les revenus dépassant trois mille francs.

« Enfin, pour les uns et pour les autres, c'est la revision parcellaire, par commune, du cadastre; c'est la mise à l'étude d'un plan ayant pour objet l'amélioration du sol et le développement de la production agricole, c'est la création de cours gratuits d'agronomie et l'installation de champs d'expériences agricoles; c'est la liberté de la chasse et de la pêche ne se limitant qu'à des mesures pour la conservation du gibier et du poisson et la préservation des récoltes; c'est encore d'autres réformes... »

Les habiles du parti se sont vite aperçus de cette méfiance rurale ; ils ont cherché un programme plus simple, plus abordable, qui parlât nettement à l'imagination des paysans, qui, sans les effrayer, leur fît faire un premier pas vers le socialisme et qui, de plus, permît aux radicaux et aux socialistes de marcher la main dans la main. L'impôt global progressif sur le revenu a été adroitement choisi comme terrain d'action concertée. L'impôt nouveau devait être une sorte de clef ou de robinet qu'on n'aurait qu'à tourner pour en faire surgir un socialisme de plus en plus avancé. Avec les commissions locales chargées de vérifier les déclarations et la faculté aux mains du Parlement de changer la progression, il n'est pas d'expropriation ou de vexation des citoyens simplement aisés qui ne puisse sortir de l'impôt sur le revenu tel qu'il avait été formulé par le précédent ministère radical allié aux socialistes. Son caractère inquisitorial dénoncé à la tribune et dans la presse par tous ceux qui conservent quelque souci de la liberté individuelle, l'a fait repousser à la fois par les vœux des Conseils généraux et par le Parlement. Il n'a pas sombré dans ce double échec. Le départ de son principal inventeur pour l'Indo-Chine a simplement permis aux chefs du parti radical de jeter par dessus bord quelques-unes des formules de déclaration et de contrôle qui avaient par trop choqué l'opinion. Ainsi allégé, sinon précisé, l'impôt progressif a reparu à la première place dans la propagande électorale socialiste, et, comme on l'a dit, semble avoir jeté dans les masses « un trouble réel et beaucoup de confusion »[1], qui, depuis, se sont répercutés dans la nouvelle Chambre. Dans plusieurs circonscriptions, le projet a pris le nom d'impôt sur les riches, et sous ce titre il a attiré aux socialistes un bon nombre de suffrages. « Si vous êtes républicain, lit-on dans le libelle adressé aux cultivateurs par le comité radical-socialiste de Seine-et-Oise, si vous êtes partisans des réformes et de l'impôt progressif *sur le revenu des riches* pour *supprimer les impôts qui écrasent le paysan et l'ouvrier*, ne votez que pour les républicains honnêtes qui arboreront loyalement le drapeau des réformes qui est celui de la *République démocratique et sociale*... Avec le suffrage universel, l'ouvrier et le paysan sont les maîtres de leur sort et il dépend d'eux de faire faire des lois en leur faveur par les députés qu'ils nomment et de *faire payer les impôts par les riches, au lieu de payer à leur place*[2]. »

1. *Revue parlementaire*, 10 mai 1898.
2. « Que pensent vos ruraux de l'impôt sur le revenu ? » demandait-on récemment à un maire de la Basse-Bretagne;

Voilà un programme qui a le mérite de la franchise et que les partisans non-socialistes de l'impôt sur le revenu, à la Chambre, feront bien de méditer. Il est une entrée en matière de cet ensemble de promesses, qu'en attendant l'idéal collectiviste, les orateurs socialistes font volontiers luire aux yeux de leurs auditeurs : rectification du droit de propriété aux dépens du voisin plus riche, œuvres d'assistance gratuite, pensions de l'État, crédit à bon marché sinon gratuit. Avant de servir l'invraisemblable gâteau social tout entier ils en découpent d'avance des tranches respectables et propres à allécher les appétits populaires. « En attendant la destruction de l'État capitaliste et pour la mieux préparer, écrivait dernièrement l'un de leurs plus éloquents orateurs, il faut l'obliger sans cesse à des concessions et capitulations partielles, il faut l'investir et le harceler sur tous les points, à toutes les portes[1]. » — « Surenchérir à l'infini sur toutes les propositions et projets de lois concernant la protection du travail, les impôts, les questions agraires, c'est devenu, affirme avec raison M. J. Bourdeau,

— « Ils me disent : où serait le mal si les riches payaient les impôts pour les pauvres ? » *Revue économique et financière*, 20ᵉ année, n° 8.

1. Jaurès, *Petite République*, 13 novembre 1897.

l'action essentielle du socialisme, en attendant le millenium collectiviste, qu'on relègue volontiers dans l'ombre [1]. »

C'est ainsi que déjà on promet de faire pour l'armée ce qu'on a proposé pour l'impôt; en réduire considérablement, sinon en supprimer absolument les charges. Le service militaire est lourd aux populations et il exige d'elles un admirable effort d'abnégation patriotique, auquel, depuis la guerre de 1870, elles ont vaillamment et généreusement consenti. Les orateurs du parti ouvrier, eux, n'ont pas hésité; ils abolissent le service militaire. La disparition des armées permanentes et leur remplacement par le « Peuple armé » forment l'article 5 de la partie politique du programme solennellement voté par les Congrès de Paris et de Saint-Quentin (1892) et colporté aux élections dans diverses circonscriptions. Des milices nationales seront seules chargées de la défense du territoire. Les simples socialistes opportunistes proposent « comme premier jalon » de réduire le temps de service, les uns à deux ans, les autres à un an, « en supprimant toutes les exemptions qui ne profitent qu'à la bourgeoisie. »

Ainsi soulagés de l'impôt et d'une bonne

1. *Revue parlementaire*, 10 mai 1898.

partie du service militaire, les citoyens ne sont pas encore au bout des douceurs que leur promet l'État socialiste. Ne parlons même pas de la magistrature qui, d'après le programme ouvrier, aura suivi l'armée et qui sera remplacée par des jurys qu'éliront les communes, et qui rendront la justice gratuite ; de la Présidence et du Sénat qui pourraient avoir l'idée d'imposer leur veto aux réformes populaires et qui auront disparu ; de la législation directe qui appartiendra au peuple « de façon que celui-ci puisse abolir le budget des cultes, opérer le retour à la nation des biens meubles et immeubles appartenant aux corporations religieuses, créer l'instruction intégrale et professionnelle de tous les enfants, supprimer la dette publique, annuler tous les contrats qui auraient aliéné la propriété nationale... »

Cela c'est le programme collectiviste. Les socialistes opportunistes se contentent de grossir la dette en créant à la charge de l'État une caisse de retraites pour l'universalité des citoyens qui n'auraient pas les ressources nécessaires pour assurer le bien-être de leur vieillesse. Les projets de lois sur ce sujet ont abondé dans la dernière Chambre et les conclusions en ont été préconisées dans les réunions électorales. Celui qui a eu le plus de vogue est le projet Escuyer qui a été soumis au Parlement par MM. Jaurès et Millerand, après avoir été approuvé par la généralité des Bourses de travail. Il consiste à attribuer 500 fr. de rente, à 60 ans, aux ouvriers et employés du commerce, de l'industrie, de l'agriculture et aux petits cultivateurs, et à assurer la gratuité des soins médicaux et pharmaceutiques à tout âge, avec une indemnité de 1 fr. 50 par jour de chômage. La dépense totale est évaluée à 688 millions auxquels les intéressés contribueront à raison de 1 franc par mois, les patrons à raison de 1 fr. 50 par mois et par tête d'employé, l'Etat pour la somme globale de 360 millions, à prélever sur le produit de la taxe progressive des successions et des raffineries de sucre devenues un monopole du gouvernement.

On peut dire que les dernières élections radicales-socialistes, ou socialistes pures ont été faites sur ce triple programme dont la simplicité pleine de promesses était bien de nature à plaire aux masses électorales : réduction du service militaire, plus d'impôt direct au-dessous de 2.500 francs de revenu, pension de 300 ou de 500 francs assurée à l'âge de 60 ans [1].

1. Voir la *Plate-forme électorale*, brochure de M. Millerand, à la librairie de la *Revue Socialiste*. — *L'Avenir du Cher* se ser-

V

On est bien loin, on le voit, soit des vues idéalistes de l'ancien socialisme français qui faisait dépendre la transformation économique d'une vaste métamorphose morale et religieuse autant que matérielle, — soit même du collectivisme allemand dont les conceptions nuageuses,

vait de l'argument suivant pour pousser les électeurs radicaux à voter au second tour pour la candidat socialiste :

« Le programme des deux candidats républicains du premier tour se rapproche dans ses parties principales : impôt progressif sur le revenu, organisation d'une caisse de retraites ouvrière pour la vieillesse, service militaire de deux ans, revision de la Constitution. Dans ces conditions, nous ne voyons pas pourquoi qui a voté pour M. Ch... ne voterait pas pour M. C..., étant entendu qu'il vote pour un républicain et qu'il est préférable de faire entrer à la Chambre un républicain, même socialiste, plutôt qu'un réactionnaire. »

« Mon programme comprend les points suivants que je m'engage de nouveau à soutenir de toutes mes forces, écrit un candidat radical-socialiste du Cher :

1° La revision de la Constitution par une Constituante ;

2° La réforme générale de l'impôt avec comme moyen principal, l'impôt progressif, sur le revenu ou le capital ;

3° La séparation des Églises et de l'État, seul moyen d'arriver à la pacification religieuse ;

4° L'organisation du travail dans un sens favorable aux travailleurs ;

5° Toutes les réformes sociales respectant d'une façon absolue la liberté individuelle ;

6° Les réformes administratives et judiciaires aboutissant :

d'ailleurs abandonnées actuellement par un grand nombre de collectivistes d'outre-Rhin ou Belges, n'ont jamais plu en France qu'à une minorité de dialecticiens qui remplacent volontiers la réalité par des mots. On se trouve actuellement sur un terrain très positif et qui agrée à notre esprit naturellement simpliste : l'État chargé d'assurer le bien-être relatif de ceux qui n'ont pas ou qui ont peu, en prenant à ceux qui ont plus : et pour cela composer l'État de représentants de la nation qui, nommés par une majorité de citoyens non contribuables quoique souverains, soient prêts à déposséder une classe au profit d'une autre. C'est ce que formulait dans ces termes le manifeste des députés socialistes récemment élus : « Nous ne devons avoir d'autre désir, d'autre ambition que de contribuer à la réa-

les premières à la décentralisation, les secondes à l'élection de la magistrature et à faire rendre la justice gratuitement ;

7° La création d'une caisse de retraites pour les travailleurs âgés ou infirmes ;

8° La création d'un crédit agricole, industriel et commercial pour venir en aide aux petits ;

9° Les moyens d'empêcher les monopoles de se former et la suppression de ceux qui existent et qui doivent être repris par l'État, lorsqu'ils constituent de véritables services publics ;

Et 10° Enfin le service militaire abaissé à deux ans en considérant même cette réforme comme un acheminement au service d'un an. Tels sont les points principaux qui, quoi qu'on en dise, pourraient être résolus dans une législature. »

lisation du principe fondamental du parti socialiste : la conquête des pouvoirs publics par le prolétariat organisé. »

Nous savons en vue de quel programme il serait organisé. Nous ne nous arrêterons pas à démontrer l'injustice et la chimère de ce programme. Autre chose est de promettre et de tenir. Certains candidats socialistes s'en sont déjà aperçus ; ceux qui ont voulu, dans les municipalités conquises par eux ou dans des centres manufacturiers où ils étaient devenus maîtres, passer de la théorie à l'action, ont pu constater les déceptions qu'ils avaient semées, et il s'en est suivi pour eux de dures leçons. A Roubaix, comme à Carmeaux, les électeurs, éclairés par l'expérience, se sont ressaisis, et beaucoup ont refusé de voter pour ceux qui, après avoir déchaîné de stériles agitations, sont venus se heurter à de retentissants échecs ; mais si elle devait se généraliser, la leçon coûterait vraiment trop cher aussi bien aux citoyens qu'au budget de l'Etat. C'est sans doute une des fatalités du suffrage généralisé que cette propension des électeurs à réclamer et des candidats à promettre, qui tend à devenir, au fond, si on cherche la réalité sous les mots, tout le socialisme actuel. Mais ce peut être en même temps pour la démocratie, au moins pour la portion de la démocratie qui réfléchit, qui veut dans le régime populaire conserver un gouvernement et dans une société égalitaire une nation coordonnée, ce peut être, cette propagande effrénée et sans scrupule du socialisme électoral, une leçon profitable. Le parti progressiste libéral, qui est la véritable majorité et qui tient dans ses mains les destinées de la République, doit s'apercevoir que, en dehors de la question de moralité publique que nous n'abordons pas ici, c'est métier de dupes de suivre ses adversaires sur le terrain qu'ils ont choisi. Ils ont toujours été et iront toujours plus loin et plus vite que les modérés. Ils demandent des réformes irréalisables et ils le savent : mais ils sèment des idées fausses et se font des amis. Actuellement, entre radicaux-socialistes et socialistes purs, c'est à qui criera le plus fort son amour pour le peuple et son désir de mettre l'État et le budget à la disposition du peuple, afin de recueillir les suffrages du peuple. Ils prennent les électeurs à la fois par la flatterie des intérêts et par la caresse d'un des sentiments les plus ancrés dans la nature humaine en général et dans les démocraties en particulier : l'envie. Mais ce ne sont pas ses doctrines, si perfides et colorées d'une détestable logique de sophisme qu'elles soient, qui rendent le socialisme le plus dangereux. Le prestige passager du parti vient surtout du tempérament et des traditions d'action de ses membres. Ils veulent des choses criminelles ou absurdes, mais ils veulent ou ils ont l'air de vouloir, ce qui est la même chose pour les ignorants qui les suivent de loin et les voyant en mouvement d'apparence concerté croient à l'existence d'un véritable corps d'armée avec un état-major, un programme, des chefs et des régiments tout prêts, autrement dit d'une sorte de jacobinisme dont la puissance est toujours à craindre dans notre pays quand les libéraux s'abandonnent et que César n'est pas prêt. Heureusement les apparences ne sont ici nullement conformes à la réalité : les divisions des têtes de parti dans le camp socialiste sont nombreuses et profondes, comme elles doivent l'être lorsque les ambitions ont pris la place des doctrines. Les compétitions personnelles sévissent là autant et plus qu'ailleurs. Il y a un éparpillement poussé presque à l'infini dans un groupe qui, au moins en son rôle parlementaire, et si on ne suit pas de près ses divisions dans les scrutins, a offert l'aspect d'une certaine cohésion; qui au fond opère constamment sur lui-même le travail de déchirement qu'il essaie sur l'ensemble de la société. Nous avons assisté récemment à des polémiques incroyablement violentes qui prouvent la profondeur et l'âcreté des divisions : guesdistes, allemanistes, anarchistes, nationalistes, socialistes indépendants et révolutionnaires, partisans et adversaires de la revision du jugement de 1894, partisans de l'action politique et défenseurs de l'influence exclusive des Bourses du travail et des Syndicats, devenus si puissants dans les grandes villes, n'ont guère l'air de s'entendre, et l'ardeur même avec laquelle quelques coryphées demandent l'union, indique combien elle est loin d'être faite[1]. C'est là une cir-

1. « Ceux qui prêchent à leurs partisans la lutte des classes ardente, implacable, pratiquent entre eux la guerre des sectes sans trêve et sans merci. Il y a des chefs rivaux, des classes sociales profondément hostiles, au sein même du socialisme, qui, si elles arrivaient au pouvoir, ne tarderaient pas à s'entredévorer comme au temps de la première révolution. » J. Bourdeau, *Revue du mouvement socialiste* dans la *Revue parlementaire*, août 1897. — « Ces compétitions écœurantes sont, dit le journal allemand social démocrate la *Leipziger-Volkzeitung*, tout à fait caractéristiques de cette maladie d'individualisme qui sévit sur le socialisme en France. » — Lire à l'appui le *Parti ouvrier* de M. Allemane et la brochure *La vérité sur l'union socialiste*, publiée par la librairie de ce journal. Allemanistes et guesdistes, anarchistes et nationalistes, s'injurient et s'accusent encore plus entre eux qu'ils n'injurient et n'accusent la bourgeoisie ; mais celle-ci ne lit en général que les injures qui lui sont adressées. — « Je déplore l'intolérance et la tyrannie qui caractérisent la phase actuelle du socialisme, s'écriait au Congrès de Londres M. John Burns, l'un des chefs les plus en vue du Parti ouvrier anglais. Il est curieux de voir des gens qui prêchent la paix universelle, la fraternité et la solidarité se disputer plutôt comme des animaux que comme des hommes. »

constance heureuse pour le parti de l'ordre, qui ne s'attache pas assez à la connaître dans ses détails et à en profiter pour tâcher d'enrayer la désorganisation de la machine politique et sociale contre laquelle le socialisme tourne ses efforts en se servant de ses rouages mêmes comme « d'un formidable engin de dislocation ». Il est urgent qu'une majorité fermement libérale se décide à arrêter cette décomposition dont l'avidité budgétaire socialiste, avec la complicité, plus ou moins avouée, des radicaux, menace l'État, à prévenir le découragement de l'initiative et de l'association privées que provoquent les menaces de tendance collectiviste et qui serait mortel pour le pays.—Le développement de l'activité des individus ayant pour fondement, pour stimulant et pour garantie la propriété : l'association libre, étendant les bienfaits de la solidarité, de la philanthropie, de la mutualité et l'expérience des gestions collectives à toutes les classes de la société, surtout aux plus déshérités qui ont encore plus besoin que les classes prospères du concert des volontés indépendantes; l'État neutre, égal dans la taxation, corrigeant quelques-unes de ses défectuosités sans favoriser ni un individu ni une catégorie sociale aux dépens d'une autre ; le Gouvernement, gouvernant suivant l'intérêt général et permanent de la France, sachant vouloir résolûment le droit et la justice, refusant de sacrifier le pays à un groupe, fût-il le plus agité et le plus bruyant de ses électeurs, tel devrait être à nos yeux le programme d'un parti progressiste conscient de son devoir et de sa force, avide de répandre parmi les hommes plus d'instruction et de bien-être, mais réfractaire à tout accommodement avec des doctrines d'envie et de discorde sociales.

III

ÉQUIVOQUES COLLECTIVISTES SUR LA PROPRIÉTÉ

« Seul, dans la Chambre, le parti socialiste a une doctrine complète et unique. » Voilà ce qu'écrivait récemment dans la *Petite République Française* [1] M. Viviani, un des coryphées du groupe des 38. Ce sont là des paroles qui font bon effet sur les électeurs. Quand on va au fond des choses et qu'on cherche ce que c'est que cette « doctrine complète et unique, » on est bien embarrassé de la trouver. On s'aperçoit vite que les socialistes, même ceux dits collectivistes, qui ont la prétention, comme l'a dit M. Jaurès, de « posséder seuls la formule concrète du socialisme, [2] » ont une souplesse particulière pour

1. 14 juin 1898.
2. « Seul le collectivisme est la formule concrète du socialisme. Le collectivisme est la seule forme palpable sous laquelle le socialisme se produit, et toutes les fois qu'on veut discuter

opérer ce qu'ils appellent « l'adaptation des doctrines aux faits, » autrement dit pour changer de programme suivant les auditeurs auxquels ils s'adressent, suivant les passions, les intérêts ou les habitudes qu'il s'agit de flatter et de convaincre ou d'entraîner.

Pour ressaisir le véritable collectivisme, qu'on n'a plus guère vu reparaître que voilé et défiguré dans les dernières élections, il faut remonter au « Programme du parti ouvrier » tel qu'il a été présenté dans leurs circonscriptions respectives en 1893, par MM. Guesde, Chauvin et beaucoup d'autres candidats, et qui ne faisait d'ailleurs que reproduire en ce qui concerne la propriété, les résolutions du *Congrès de Marseille* (de 1879), celui que les collectivistes, disciples de M. Guesde, déclarent à jamais mémorable, car il leur assura la majorité (73 voix contre 27) :

Voici le programme du « parti ouvrier » en 1893 [1] :

« Le Congrès, considérant que le système individuel qui régit actuellement la propriété est

à fond sur le socialisme, c'est le collectivisme que l'on discute. »

1. Il portait en sous-titre :

« Élaboré en conformité des décisions du Congrès national de Marseille (octobre 1879), confirmé par le Congrès national du Havre (1880), maintenu en vigueur par le Congrès national de Reims (novembre 1881), complété par le Congrès national contraire aux droits égalitaires qui doivent être l'expression de la société future,... adopte comme but :

« *La collectivité du sol,* sous-sol, instruments de travail, matières premières, donnés à tous et rendus inaliénables par la société à qui ils doivent retourner. »

Considérant,

Que l'émancipation de la classe productive est celle de tous les êtres humains sans distinction de sexe ni de race ;

Que les producteurs ne sauraient être libres qu'autant qu'ils seront en *possession des moyens de production (terres, usines, navires, banques, crédit,* etc.) ;

Qu'il n'y a que deux formes sous lesquelles les moyens de production peuvent leur appartenir :

1° La forme individuelle, qui n'a jamais existé à l'état de fait général et qui est éliminée de plus en plus par le progrès industriel ;

2° La forme collective, dont les éléments matériels et intellectuels sont constitués par le développement même de la société capitaliste ;

de Roanne (octobre 1882) et sanctionné par le Congrès national de Roubaix (mars-avril 1884). »

Considérant,

Que cette *appropriation collective* ne peut sortir que de l'action révolutionnaire de la classe productive, — ou prolétariat, — organisée en parti politique distinct;

Qu'une pareille organisation doit être poursuivie par tous les moyens dont dispose le prolétariat, y compris le suffrage universel transformé ainsi, d'instrument de duperie qu'il a été jusqu'ici, en instrument d'émancipation;

Les travailleurs socialistes français, en donnant pour but à leurs efforts l'expropriation politique et économique de la classe capitaliste et *le retour à la collectivité de tous les moyens de production*, ont décidé, comme moyen d'organisation et de lutte, d'entrer dans les élections avec les revendications immédiates suivantes :

A. — *Partie politique.*

1° Abolition de toutes les lois sur la presse, les réunions et les associations et surtout de la loi contre l'association internationale des travailleurs. — Suppression du livret, cette mise en carte de la classe ouvrière, et de tous les articles du Code établissant l'infériorité de l'ouvrier vis-à-vis du patron et l'infériorité de la femme vis-à-vis de l'homme;

2° Suppression du budget des cultes et retour à la nation « des biens dits de main-morte, meubles et immeubles, appartenant aux corporations religieuses » (décret de la commune du 2 avril 1871), y compris toutes les annexes industrielles et commerciales de ces corporations ;

3° Suppression de la Dette publique ;

4° Abolition des armées permanentes et armement général du peuple ;

5° La Commune maîtresse de son administration et de sa police.

B. — *Partie économique.*

1° Repos d'un jour par semaine ou interdiction légale pour les employeurs de faire travailler plus de six jours sur sept. — Réduction légale de la journée de travail à huit heures pour les adultes. — Interdiction du travail des enfants dans les ateliers privés au-dessous de quatorze ans ; et, de quatorze à dix-huit ans, réduction de la journée de travail à six heures ;

2° Surveillance protectrice des apprentis par les corporations ouvrières ;

3° Minimum légal des salaires, déterminé, chaque année, d'après le prix local des denrées, par une commission de statistique ouvrière ;

4° Interdiction légale aux patrons d'employer les ouvriers étrangers à un salaire inférieur à celui des ouvriers français;

5° Égalité de salaire, à travail égal, pour les travailleurs des deux sexes;

6° Instruction scientifique et professionnelle de tous les enfants mis pour leur entretien à la charge de la société, représentée par l'État et par la commune;

7° Mise à la charge de la société des vieillards et des invalides du travail;

8° Suppression de toute immixtion des employeurs dans l'administration des caisses ouvrières de secours mutuels, de prévoyance, etc., restituées à la gestion exclusive des ouvriers;

9° Responsabilité des patrons en matière d'accidents, garantie par un cautionnement versé par l'employeur dans les caisses ouvrières, et proportionné au nombre des ouvriers employés et aux dangers que présente l'industrie;

10° Intervention des ouvriers dans les règlements spéciaux des divers ateliers, suppression du droit usurpé par les patrons de frapper d'une pénalité quelconque leurs ouvriers, sous forme d'amendes ou de retenues sur les salaires (décret de la Commune du 27 avril 1871);

11° Annulation de tous les contrats ayant aliéné la propriété publique (banques, chemins de fer, mines, etc.) et l'exploitation de tous les ateliers de l'État confiée aux ouvriers qui y travaillent;

12° Abolition de tous les impôts indirects et transformation de tous les impôts directs en un impôt progressif sur les revenus dépassant 3,000 francs. — Suppression de l'héritage en ligne collatérale et de tout héritage en ligne directe dépassant 20,000 francs. »

La forme collective de la propriété sans aucune distinction de propriété était, on le voit, nettement indiquée dans le programme-manifeste, comme une des conditions essentielles du futur socialisme. Le programme était d'ailleurs conforme à la déclaration précise de K. Marx dans le *Capital:* « Le régime des petits cultivateurs indépendants, travaillant pour leur propre compte, n'est compatible qu'avec un état de la production éternellement borné. *Il doit être anéanti.* La grande industrie fait disparaître le paysan, ce rempart de l'ancienne société. »

« L'expérience nous commande, disait M. J. Guesde, dans une conférence à Bruxelles (1894), de tout attendre du prolétariat, c'est-à-dire de la classe qui se trouve trop mal du présent régime économique pour ne pas tendre de toutes ses forces à en sortir, et par suite à nous en faire sortir. Ses intérêts particuliers de classe se confondent avec l'intérêt général de l'humanité et transforment le prolétariat, sans même qu'il ait à en avoir conscience, en champion de l'espèce tout entière, puisqu'il ne peut cesser d'être la classe sans propriété qu'en transformant la propriété capitaliste ou de *quelques-uns* en propriété sociale *ou de tous*. »

L'affirmation des premiers collectivistes, relativement au régime de la propriété, devait bientôt soulever des difficultés dans le parti : celui-ci, à mesure qu'il s'adressait à une portion plus étendue du suffrage universel, s'apercevait des répugnances auxquelles il venait se heurter parmi les petits propriétaires qui sont 5 millions dans notre pays. Aussi, depuis 1893, assiste-t-on à un travail ininterrompu qui consiste à reprendre le programme originel de Marseille pour l'affubler de toute espèce d'équivoques et de confusions.

Le premier résultat public de ce travail « d'évolution » fut le manifeste, dit de Saint-Mandé, qui sortit d'une délibération très mouvementée tenue entre les différents membres de l'*Union Socialiste*[1]. Dans ce manifeste, la promesse vague de la « substitution de la propriété sociale à la

1. Voir *Plate-forme électorale*, p. 10.

propriété capitaliste » ouvrait la porte à toutes les espérances des non-propriétaires et permettait en même temps de rassurer les petits possesseurs ruraux : car on ne donnait pas la définition de la « propriété capitaliste ». M. Millerand avait d'ailleurs eu soin d'amadouer les petits propriétaires en leur disant dans un de ses discours :

« La socialisation progressive des diverses catégories des moyens de production ne peut être qu'un motif d'espérance et de joie pour les millions d'êtres humains appelés ainsi à s'élever par une progression que réglera, non pas le caprice des hommes, mais la nature des choses, de la condition de salariés à la condition de coparticipants des richesses sociales... Et ce serait en vain qu'on essayerait d'exciter contre le parti socialiste les alarmes des classes favorisées qui réunissent encore dans leurs mains l'instrument de production et le produit intégral de leur travail. *Ceux-là, ces petits propriétaires, non seulement la transformation poursuivie par le parti socialiste ne les menace en rien puisque leur propriété morcelée ne saurait être l'objet d'une appropriation sociale ;* mais ils recueilleront pour leur part, au même titre que tous les autres membres de la société, le bénéfice de l'incorporation successive dans le domaine social, des grandes industries. »

7.

Voici le texte de la résolution votée à Saint-Mandé par 26 voix contre 10 abstentions, 8 membres étant absents (3 juin 1896) :

« Le groupe socialiste de la Chambre... n'entend lier par aucune formule étroite la liberté de ses membres et le développement même du socialisme ; mais, pour dissiper des équivoques fâcheuses, il déclare nettement qu'en conformité avec la pensée essentielle des socialistes de tous les pays et avec la tradition socialiste française depuis la Révolution, il entend abolir le régime capitaliste lui-même et mettre un terme à l'exploitation de l'homme par l'homme au moyen de la conquête des pouvoirs politiques par le prolétariat, *de la substitution de la propriété sociale à la propriété capitaliste*, et de l'entente internationale des travailleurs[1]. »

Cet ordre du jour a été accepté par MM. Baudin,

___

1. Voir sur l'équivoque contenue dans le discours de M. Millerand et dans le manifeste de Saint-Mandé, le discours de M. Méline à la Chambre (1897) et la lettre ouverte de M. Goblet dans la *Petite République française* (16 novembre 1897).

« On vous disait hier très justement qu'il n'existe aucun critérium pour appliquer la distinction par laquelle on s'efforce d'échapper aux conséquences de la doctrine, distinguant entre la propriété individuelle et la propriété capitaliste. De cette limitation chimérique on pourrait dire qu'elle n'est qu'un jeu d'enfant. Non le collectivisme n'est rien s'il n'est pas la substitution nécessaire et progressive de la propriété sociale au régime actuel de la propriété. »

Antide Boyer, Calvinhac, Carnaud, Thierry Cazes, Chauvière, Chauvin, Coutant, Couturier, Franconie, Gérault-Richard, Jourde, Paschal Grousset, Jules Guesde, Clovis Hugues, Jaurès, Millerand, Rouanet, Prudent-Dervillers, Sautumier, Sauvanet, Sembat, Vaillant, Pierre Vaux, Viviani et Walter.

A l'unanimité, enfin, mais non sans difficultés, la motion suivante a été ensuite adoptée :

« Le groupe socialiste constate que l'attitude de ceux de ses membres qui se sont abstenus sur les questions de principe soulevées ne porte aucune atteinte à l'union nécessaire de tous dans l'action parlementaire et politique. »

L'équivoque de la « propriété capitaliste » sans définition et sans limitation est, on le voit, soigneusement introduite dans ce programme. Elle devait être maintenue dans toute la campagne électorale de 1898.

On la retrouve dans la résolution votée à l'unanimité le 24 janvier 1898 par l'assemblée générale des rédacteurs politiques de l'organe de l'*Union socialiste* :

« La *Petite République*,
Considérant que le Parti socialiste, à la veille de la bataille électorale, et pour prévenir toute

équivoque, a le devoir d'affirmer l'unité de son principe et de son action..., etc.

Décide :

Elle ne soutiendra que les candidats acceptant les principes essentiels du socialisme moderne : *socialisation de la propriété capitaliste*, conquête du pouvoir politique par le prolétariat organisé, entente internationale des travailleurs. »

Il semble que même réduite à une phrase vague, entre la conquête des pouvoirs publics par le prolétariat organisé, qui est au fond la véritable visée du collectivisme actuel, et l'entente internationale des travailleurs qu'on sait impraticable, la socialisation de la propriété ait été jugée compromettante pour le parti dans la campagne entreprise auprès des masses rurales ; car elle ne figure que sous une forme encore plus enveloppée dans le manifeste du groupe socialiste entré récemment à la Chambre (7 juin 1898), manifeste où il n'est plus question que de « préparer la transformation en propriété sociale des moyens de production, de transport et de crédit, déjà arrachés à leurs propriétaires individuels par la féodalité capitaliste ; » et où il est déclaré nettement que « le principe fondamental du socialisme est la conquête des pouvoirs publics par le prolétariat organisé ».

...« Les ennemis du peuple ont pu l'égarer et le dominer jusqu'à présent, en opposant la France rurale à la France industrielle. En s'unissant dans l'acceptation d'une discipline volontaire, le peuple sera l'artisan de sa libération et nous n'avons d'autre désir, nous ne devons avoir d'autre ambition que de contribuer à la réalisation du *principe fondamental du parti socialiste, qui est la conquête des pouvoirs publics par le prolétariat organisé.*

« Fidèles aux doctrines de la Révolution française, nous voulons assurer à tous la libre disposition des moyens et des fruits de leur travail. Nous voulons atténuer les effets meurtriers de la concurrence aboutissant aux monopoles capitalistes ;... nous voulons mettre un terme aux prélèvements abusifs de l'impôt. *Et nous préparerons la transformation en propriété sociale des moyens de production, de transport et de crédit*, déjà arrachés à leurs propriétaires individuels par la féodalité capitaliste... »

Un prochain avenir nous apprendra comment les socialistes de la Chambre s'y prendront pour exécuter ce programme qui, sous sa menace universelle, laisse dans un vague voulu la question de la propriété territoriale.

IV

DIALOGUE ENTRE UN SOCIALISTE-COLLECTIVISTE ET UN PROGRESSISTE LIBÉRAL[1]

Le socialiste. — Vous vous proclamez défenseur de l'ordre social, ennemi du socialisme et du collectivisme. Trouvez-vous donc que le monde soit bien tel qu'il est et que les hommes de bonne volonté n'aient qu'à se croiser les bras, en laissant faire ?...

Le progressiste libéral. — Ce n'est nullement mon opinion. Je suis loin de penser que tout soit bien réglé actuellement dans la société, ni même que les hommes tirent de l'arrangement social tout le profit qu'ils pourraient en obtenir. A ce point de vue, je suis résolument réformateur et progressiste ; mais je diffère profondé-

1. Publié sous le titre : *Mes griefs contre le socialisme*, dans les brochures de propagande du « Comité de défense et de progrès social ».

ment des socialistes du jour par la méthode et par le choix des moyens de réforme.

LE SOCIALISTE. — Quelle est votre méthode ?

LE PROGRESSISTE LIBÉRAL. — L'observation des faits, aussi bien dans le passé, par l'histoire, que dans le présent, par l'observation directe. Voici quelques-uns des résultats de la méthode d'observation, impartialement appliquée :

1° Ils ne sont nullement favorables aux conclusions de ceux qui croient qu'on peut changer d'un trait de plume, ou par une révolution subite, l'organisation sociale. L'histoire prouve que celle-ci se transforme, mais lentement et au fur et à mesure que les idées fondamentales de l'espèce se sont elles-mêmes transformées. L'esclavage a disparu du monde civilisé : mais combien a-t-il fallu de siècles pour le supprimer ? Aujourd'hui encore, nous le voyons fleurir sur une vaste surface du globe. La patience est donc le premier devoir du réformateur social.

2° Il existe dans l'humanité, ou au moins dans la portion de l'humanité à laquelle nous appartenons, quelques tendances profondes, qui paraissent bien indestructibles, qui sont les fondements de notre organisation sociale et les mobiles principaux de nos actions, par exemple l'amour de la famille, la recherche du gain et de la propriété individuelle. Je suis loin de prétendre que ces mobiles d'action soient les seuls qui puissent guider l'homme, ni qu'ils ne puissent, dans certains cas, être suppléés par d'autres, ni enfin qu'ils n'entraînent quelquefois, en s'exagérant, des conséquences regrettables ; mais il en est ainsi de tout ce qui concerne l'humanité. Nous sommes nés dans le relatif et faits pour le relatif.

Les sentiments auxquels je viens de faire allusion sont en quelque sorte la chair de notre chair ; le socialisme contemporain les suppose disparus ou du moins tellement déformés qu'ils ne ressemblent plus guère à eux-mêmes. Il s'exagère singulièrement sa puissance d'action sur les hommes à ce point de vue.

Tant qu'il leur prêche la haine d'un ordre social où beaucoup d'entre eux souffrent des maux immérités, — (et où beaucoup aussi préfèrent ne pas rechercher en eux-mêmes, dans leurs défaillances morales ou leur manque d'énergie, la cause de leurs maux), — il trouve auprès d'eux un facile crédit ; mais qu'il cherche à atteindre en eux l'époux, le père, le possesseur d'un modeste patrimoine, le propriétaire d'objets mobiliers ou immobiliers, fût-ce de quelques épargnes ou d'un petit champ, il se heurte à des résistances invincibles. Les religions idéalistes ont, parfois, obtenu de leurs fervents ce détachement exceptionnel, parce qu'elles leur parlaient à la fois d'obligations et de compensations surnaturelles et divines : mais croire qu'une religion de la terre, qui ne promet que les biens de la terre et qui veut arracher des mains de l'homme ceux précisément auxquels il a jusqu'ici attaché le plus de prix, doit réussir dans son entreprise, c'est supposer le sens du devoir ou le sens de la jouissance singulièrement transformés dans l'homme. Et qu'a fait jusqu'ici le collectivisme pour les transformer ?

3° Je regarde le monde actuel, avec ses défauts et ses qualités, et je considère ce qu'il a produit sous l'impulsion de ses mobiles actuels et habituels. Assurément, il n'a pas engendré un état de choses parfait, ni où la justice véritable règne. Je souffre de ce qui reste de mauvais en lui, de ce qu'il offre de lacunes matérielles et morales. J'aperçois un champ immense d'améliorations ouvert au réformateur et au moraliste, et je reconnais que sur bien des points encore, comme l'a dit un écrivain hardi, en parlant des relations des sexes, « nous avons un pied dans la barbarie »; mais je reconnais aussi que la concurrence entre les hommes, l'effort individuel auquel elle les force, les ressources d'énergie et d'invention qu'elle les oblige à déployer, ont fait progrosser l'humanité dans une proportion où nul autre mobile jusqu'ici entrevu par les hommes n'a atteint. Il n'en résulte pas sur la terre une justice satisfaisante, ni un bien-être suffisant pour tous ; mais s'il y a moins d'injustice et s'il y a moins de souffrances matérielles dans le monde que par le passé, nous n'avons pas le droit de rejeter les principes sociaux qui ont amené ce mieux, ou, si vous voulez, ce *moins mal* relatif, avant d'avoir découvert et fait fructifier un autre principe de conduite équivalent en puissance pour le bien général.

Le socialiste. — Vous résolvez la question par la question. Nous prétendons précisément, nous autres socialistes, que les dernières transformations industrielles que vous louez ont *empiré* la condition de ceux que l'organisation sociale fait naître sans patrimoine, sans ressources autres que leur force de travail. Obligés de compter exclusivement sur leurs bras pour vivre, ils sont les victimes impuissantes du machinisme et du capitalisme qui les écrasent par leur entente, et les nourrissent juste assez pour qu'ils puissent fournir la main-d'œuvre, sans leur permettre de résister aux exigences des chefs d'industrie : de sorte que, par ce système, les riches deviennent toujours plus riches et les pauvres plus pauvres ; le domaine de l'opulent va s'étendant et s'amplifiant, tandis que le misérable est de plus en plus réduit à la portion congrue qui l'empêche seulement de mourir de faim.

Le progressiste libéral. — Si ce que vous alléguez était vrai, comment adviendrait-il que de l'aveu de tous, même des moins optimistes, la masse des travailleurs est mieux nourrie, mieux vêtue[1], mieux logée qu'il y a cent ans ; qu'un grand nombre possèdent quelques économies, en dépôt aux caisses d'épargnes, en rentes ou en obligations ; que beaucoup d'entre eux, plus intelligents, plus énergiques ou plus chanceux que d'autres, sont devenus des directeurs d'usines, des patrons, quelques-uns très fortu-

---

1. Adam Smith écrivait : « La chemise et les souliers ne font pas partie du salaire nécessaire de l'ouvrier français » Qui le dirait aujourd'hui ? Sydney Webb, l'historien avancé des *Trades Unions*, reconnaît dans sa brochure sur « le Travail, de 1837 à 1897, » écrite à propos du jubilé de la reine Victoria, que « manifestement il y a eu un grand progrès en moyenne dans la condition du peuple ; dans presque toutes les industries les ouvriers sont mieux payés, et peuvent, avec des journées de travail plus courtes, se procurer plus de ressources matérielles et intellectuelles ». « Le mal qui subsiste, ajoute-t-il, ne doit pas nous empêcher d'apercevoir le mieux réalisé », p. 8 et 9. Cf. Van der Velde, *Revue socialiste*, juin 1898 : « La loi d'airain de Lassalle, ce *Lasciate ogni speranza* du prolétariat moderne n'est plus qu'une arme de propagande à peu près démodée, une de ces vérités rancies dont parle Ibsen, qui finissent par dégénérer en contre-vérités absolues. »

nés ? Enfin, comment expliquez-vous que, si le salaire est justement l'équivalent de la subsistance nécessaire à l'ouvrier pour ne pas mourir d'inanition, la consommation de l'alcool ait pu s'accroître dans des proportions aussi colossales [1], sans nuire à celle du tabac, qui est, comme l'alcool, un objet de luxe relatif ?

Votre allégation relative à l'augmentation croissante de la pauvreté est démentie par tous les faits. Il y a cependant dans votre observation, au sujet de la condition des salariés, deux parcelles de vérité. La première, c'est le désaccord qui existe entre la dose réelle de bien-être matériel dont jouit l'homme et la satisfaction qu'il en ressent, surtout quand les conditions de milieu varient en même temps que l'accroissement de bien-être. Ce qui suffisait à nos pères paraîtrait tout à fait misérable à leurs fils, et ceux-ci, qui sont en général mieux partagés que leurs prédécesseurs, ont plus de désirs nouveaux qu'ils n'ont obtenu de satisfaction. C'est la loi générale du progrès humain, et il ne faut s'en plaindre que lorsque la vivacité même des désirs nouveaux pousse ceux qu'ils tourmentent à

1. La consommation de l'alcool a passé, en France, de 1ᶫ,46 par tête en 1850, à 4ᶫ,07 en 1895. En Angleterre on évalue à 2 milliards et demi la somme des salaires dépensés annuellement au cabaret.

méconnaître le surcroît de bien-être qui en a été la source. Ne croyez pas que le socialisme, quand bien même il aurait doublé la somme des jouissances respectives de chaque citoyen, empêcherait pour chacun le regret de ne pas avoir plus, la souffrance de ne pouvoir se procurer instantanément le surcroît convoité, ni la jalousie contre ceux qu'il verrait, à côté de lui, mieux partagés.

Ce que nous pouvons légitimement demander à ceux qu'a favorisés la fortune c'est de ne pas surexciter par leur faste la souffrance que fait éprouver aux malheureux la comparaison de leur dénuement avec tant de richesse mal employée. Pour cela, pas n'est besoin d'une morale socialiste. L'ancienne morale bien comprise et bien pratiquée y suffirait. Il règne sur l'utilité du grand luxe au point de vue social beaucoup d'erreurs qu'une saine économie politique combat.

La seconde parcelle de vérité que j'aperçois dans votre observation, c'est la constatation de la difficulté qui, dans certaines conditions d'organisation industrielle, existe pour les travailleurs, en vue de s'entendre pour résister aux exigences du capital. Depuis longtemps, les économistes ont signalé ce point, et c'est même des termes exagérés dans lesquels ils ont conclu aux avantages du capital et à la faiblesse inévitable des simples salariés dans le débat pour la fixation du salaire, qu'on a tiré la fameuse *loi d'airain*, base considérée naguère comme la plus solide de l'argumentation des collectivistes contemporains. Mais il ne faut pas oublier que, lorsque certains économistes, dits classiques, posaient ces conclusions pessimistes pour la classe ouvrière, les lois punissaient rigoureusement toute tentative d'entente ou d'union entre les travailleurs. En apparence la loi s'appliquait aussi bien aux patrons qu'aux ouvriers ; mais il était aisé aux entrepreneurs, — Adam Smith l'a déjà fait observer, — vu leur petit nombre, d'éluder la loi, et elle pesait de tout son poids sur les masses ouvrières. Depuis lors, les choses ont totalement changé. Les lois contre les coalitions ont été abolies ; les unions même permanentes, avec caisses de résistance, sous le nom de syndicats, se sont vues autorisées et se sont développées. Actuellement il serait inexact de dire que les salariés ne peuvent pas résister à des exigences intempestives du capital. Les masses ouvrières étant le nombre, ont sous le régime du suffrage universel, qui est le nôtre, trouvé de puissants et ardents soutiens dans les députés, dans les journaux, souvent même dans les gouvernements [1]. Lorsqu'aujourd'hui

1. « L'opinion publique en Angleterre tend de plus en plus,

elles sont vaincues dans une lutte contre le capital, on peut bien dire qu'elles le sont par des circonstances inéluctables, qui sont les lois mêmes de la concurrence intérieure ou internationale, ou parce que les travailleurs, poussés par des meneurs politiques intéressés, demandent des choses impraticables. Il ne faut pas juger de la puissance du droit de grève uniquement par les victoires proprement dites que les grévistes ont remportées ; la véritable force de la grève est dans la menace préalable qui pèse sans relâche sur l'industriel engrené dans de vastes opérations, avec des engagements à longs termes. Plutôt que de laisser éclater un conflit qui menacerait l'existence même de son industrie, l'industriel veille à hausser les prix de main-d'œuvre dans la mesure du possible, ou à contenter son personnel par des satisfactions relatives. Il pourrait même être entraîné trop loin dans cette voie par le désir de maintenir la paix ; et le renchérissement excessif de la production française par rapport aux prix des marchés voisins et concurrents est un des périls qui menacent notre prospérité commerciale.

LE SOCIALISTE. — Vous ne niez pas, je pense,

en temps de grèves, à être du côté des classes ouvrières, quand la campagne est loyalement conduite. » B. Kidd, l'*Évolution sociale*, trad. franç., p. 178.

l'immense accumulation de capitaux qui, par les progrès du machinisme, s'est faite entre un petit nombre de mains, ni leur groupement sous la direction de volontés en nombre restreint qui peuvent, soit se coaliser, soit s'associer pour établir et maintenir les prix. Nous prétendons que ce mouvement de concentration ira toujours s'accroissant, que nulle résistance humaine ne peut l'empêcher et que ne pouvant l'empêcher, il faut résolument le suivre et le compléter en plaçant dans les mains de la collectivité des forces qui ne sont déjà plus dans celles de l'individu, mais de groupes qui tendent à devenir les maîtres du marché général et à écraser les producteurs aussi bien que les consommateurs. En somme, c'est là tout le collectivisme : nous ne le créons pas, nous le constatons et nous le réglementons.

Le progressiste libéral. — Comment le réglementez-vous ? En étendant le mal que vous constatez. Vous apercevez une tendance fâcheuse et redoutable, suivant vous, de la société moderne vers la subordination progressive de l'individu à des organisations collectives. Que faites-vous pour l'affranchir ? Vous le soumettez à la pression omnipotente, aveugle, sans contrôle comme sans concurrence, de l'État. Vous grandissez indéfiniment cette puissance irresponsable en fait, inaccessible à tout recours, que, malgré vos vains efforts pour prétendre qu'on l'universalisant vous la transformez, vous érigez en une sorte de providence, arbitre de toutes les transactions, juge de tous les actes, maîtresse de toutes les rémunérations. Je comprendrais cette organisation dans un état théocratique, acceptant la transmission d'un pouvoir d'ordre divin, par des moyens divins, à des mains privilégiées, armées à la fois de la toute-puissance et de l'infaillibilité : mais vous qui n'admettez d'autres origines à la puissance que la source populaire, voyez à quel despotisme effroyable dans ses actions, inconsidéré dans ses desseins, vous conduiriez la société si elle se laissait mener par vous. Ce qui vous séduit, c'est précisément cette source populaire du pouvoir. Si on vous proposait la domination d'une puissance publique munie des droits que vous lui attribuez et appuyée sur une transmission dynastique, ou un choix oligarchique, vous reculeriez d'horreur, comme à la pensée de la restauration d'une monarchie despotique à la façon de l'ancienne Asie : mais vous songez au suffrage universel, et vous vous dites que si le nombre ou ses représentants sont despotes et oppresseurs, ce sera en faveur du peuple, et que leur action tyrannique consistera, avant tout, à

8

détruire les privilèges de fait qui se sont constitués par l'héritage et par la concentration des capitaux. Vous passez insensiblement de l'idée de justice dont vous prétendiez d'abord vous inspirer, à celle d'oppression de la classe la moins nombreuse par la plus nombreuse. C'est le mot même de Marx : « Les expropriés deviendront les expropriateurs. » Mais au profit de qui ? Vous supposez que ce sera au profit de la grande masse des déshérités ; moi, je prévois que ce sera à l'avantage exclusif de quelques-uns, plus habiles, qui sauront exploiter la crédulité de la foule et qui se serviront, pour se grandir eux-mêmes, des moyens d'oppression redoutables que vous aurez mis dans leurs mains. Et je ne base pas ma prévision sur une simple conjecture, ni sur une défiance instinctive de la nature humaine en général ; je la base sur l'observation de ce qui se passe d'ores et déjà dans la plupart des organisations ouvrières. Les pouvoirs de ceux qui les dirigent sont limités par les lois, leurs ressources sont restreintes, leurs abus surveillés par une puissance publique en principe indépendante qui offre un recours à ceux qui en sont victimes. De quel despotisme cependant ces états-majors encore faibles, ne se rendent-ils pas déjà coupables ? Comme ils oppriment les minorités, et même les majorités qui n'osent pas ou ne savent pas résister ! Que serait-ce lorsque ces états-majors seraient devenus l'État lui-même ? A moins de supposer celui-ci composé d'anges, — et le suffrage universel n'en découvre ou n'en nomme guère, — comment concevra-t-il et appliquera-t-il la justice ? Comment même partagera-t-il les dépouilles de ce que vous appelez la société bourgeoise entre les masses innombrables des nouveaux copartageants ?

LE SOCIALISTE. — Vous créez à dessein un monstre chimérique pour avoir le plaisir de le combattre et de le vaincre. Je reconnais que le collectivisme dont vous parlez a été conçu comme un idéal lointain, par certains faiseurs de systèmes ; mais ce n'est pas cet état idéal que nous poursuivons actuellement. Nous aussi nous avons adopté la méthode progressive. Nous ne voulons pas tout bouleverser en un jour ; nous voulons seulement engager résolument la société dans la voie qui la mènera successivement à concentrer aux mains de l'État d'abord tous les services publics, comme quelques-uns (les plus importants) le sont déjà ; puis toutes les grandes sources de forces vives, mines, carrières, moyens de transport ; puis les établissements financiers dont la puissance au fond vient du crédit de l'État ; puis les grandes usines dont la concurrence a disparu dans l'entente des producteurs constituée à l'état de monopole, ou dont les produits peuvent aisément servir de base à un impôt ; puis les grandes propriétés foncières. Pour atteindre notre but, nous disposons de plusieurs moyens : l'expropriation directe ; la réduction par la taxe progressive, soit des héritages, soit des gros revenus fonciers ou mobiliers ; la concurrence de l'État érigée et entretenue aux dépens des contribuables, contre l'industrie privée. Nous pouvons, par une majorité issue du suffrage universel, réaliser alternativement et suivant les circonstances, ces menaces ou ces exécutions ; et ainsi, sans secousses violentes, étendre peu à peu l'action de l'État populaire, restreindre, étouffer et anéantir les privilèges particuliers. Ceux-ci n'auront même pas à se révolter : ils seront éliminés successivement et comme par une action sourde. La peur, le dégoût, l'appauvrissement auront raison des résistances individuelles ; ce ne sera pas une défaite, ni une débâcle, mais plutôt une lente désertion.

LE PROGRESSISTE LIBÉRAL. — Vous décrivez fort bien l'action destructive à laquelle se livre votre parti et à laquelle elle convie la démocratie. Ce qui m'effraye, c'est qu'en effet elle agrée trop aux instincts envieux de masses ignorantes ou aigries par la souffrance. Vous avez bien soin de flatter et de caresser ces instincts au lieu de les éclairer : vos succès électoraux en dépendent. Mais si vous réfléchissiez un seul instant à quel avenir vous conduisez cette société en décourageant l'initiative privée, en paralysant l'ardeur au labeur, en attisant la haine et la discorde entre ceux qui ont plus et ceux qui ont moins, vous vous sentiriez bien coupables ou bien téméraires ; et si vous n'y réfléchissez pas, vous êtes bien légers de cœur et d'esprit.

Sous prétexte de réformer la société, vous prenez juste le contre-pied de ce qu'il faudrait faire pour remédier à ses maux. Là où l'étude patiente, l'expérimentation progressive seraient nécessaires, vous prêchez la révolte et les transformations radicales. Ce que devrait réaliser lentement l'effort de l'individu s'appuyant sur l'association libre, qui est plus qu'une addition d'individus, puisqu'elle est une coordination et une synthèse (ce qu'est un corps d'armée à des soldats isolés), vous voulez le faire faire par l'État omnipotent, issu des suffrages populaires, c'est-à-dire recruté au hasard des ignorances ou des intérêts mesquins et particularistes, et parce qu'il a pour source le scrutin en apparence universel, tout gonflé de son droit de souveraineté nationale. Ce qu'atteindrait peu à peu l'initiative des capitaux se faisant concurrence entre eux, guidés par l'intelligence et l'aptitude qu'acquiert l'intérêt personnel éclairé par la science, cette mère des découvertes, semeuse de pain et de vêtements, foyer de lumière et de chaleur, — la grande bienfaitrice que vous méconnaissez, que vous accusez d'accroître l'injustice sociale, — vous vous figurez ou vous voulez faire croire qu'un état-major de politiciens routiniers, d'instruction sommaire et superficielle, hypnotisés par leur intérêt électoral, obligés pour conserver leurs fonctions de flatter les passions populaires, l'obtiendrait plus vite et plus sûrement !

Et par surcroît, pour introduire et faire triompher une organisation sociale qui, pour subsister un seul jour, supposerait une humanité presque entièrement régénérée : l'intérêt particulier disparaissant devant le devoir social, l'égoïsme remplacé par le dévouement à la collectivité, l'abnégation personnelle poussée presque jusqu'au sublime, la satisfaction de la solidarité, de la collaboration au bien de tous substituée aux anciens mobiles personnels, familiers à l'ancien ordre économique que vous incriminez, vous commencez par déchaîner toutes les passions individuelles surexcitées, l'envie du prochain, la rancune des maux soufferts, l'avidité du bien acquis par autrui. Là où quelques-uns des premiers apôtres du socialisme, chimériques assurément, mais inspirés par de nobles sentiments, voulaient, il y a cinquante ans, fonder une *religion* basée surtout sur le détachement du moi, sur la transformation de l'homme individu en homme social, vous semblez prêcher une curée. Celle-ci serait beaucoup moins abondante que ne se le figurent les ignorants, et ce que les copartageants déchireraient surtout dans l'assaut final, ce seraient leurs voisins de meute : mais, en attendant, vous profitez de l'appétit de dépouilles que vous semez dans vos professions de foi et dans vos discours. Vous vous poussez aux fonctions électives et aux grandeurs qui en sont la suite... Je n'y verrais que peu d'inconvénients si en montant vous ne faisiez monter avec vous et derrière vous la masse des idées fausses, des notions erronées, des ambitions anarchiques et désordonnées, mortelles pour les habitudes de labeur, d'économie, d'efforts persévérants et intelligents, qui ont fait la grandeur de notre pays au milieu de la civilisation contemporaine. Vous préparez une nation de paresseux qui compteront sur l'État pour vivre, et de mandarins qui, étant l'État même, commenceront par en vivre avant de songer à faire vivre les autres. Je ne vois dans cette perspective rien de fécond pour la volonté, pour l'acti-

vité, pour la moralité humaines. Sans être fana-
tique du monde tel qu'il est, je le préfère de
beaucoup à celui que je prévois s'il se modelait
sur vos doctrines. Je crois qu'avec la liberté,
l'initiative individuelle, l'association, la mutualité, la coopération de consommation et de crédit que vos docteurs ont traitée de « duperie
pour les ouvriers » et qui en Angleterre et en
Allemagne, a produit des merveilles, on peut,
sinon guérir tous les maux de la société, du moins
en atténuer un grand nombre, ce qui est tout
ce que nous pouvons espérer du monde où nous
sommes. Voilà pourquoi je demeure progressiste
libéral convaincu, et pourquoi je repousse votre
socialisme dit collectiviste, qui en supprimant
la liberté et l'initiative des individus entraînerait
la ruine de la collectivité.

V

LE SOCIALISME D'ÉTAT IDÉALISTE[1]

Déterminer en quelle mesure, dans les événements humains, les faits et les idées agissent les uns sur les autres, et si l'influence de ceux-ci est prépondérante à côté de l'action de celles-là, a toujours été une des grandes difficultés auxquelles se heurte l'historien. Tantôt, chacun, suivant son tempérament, incline du côté soit des faits, soit des idées; tantôt des écoles se fondent qui font prédominer dans leur explication des évolutions historiques, l'un des deux facteurs.

Pendant une bonne partie de cette seconde moitié de siècle, l'école *des faits* avait paru l'emporter, au moins en France. Actuellement, il

1. A paru dans la *Revue politique et parlementaire*, décembre 1897.

semble qu'il y ait un commencement de réaction en faveur du rôle des idées. Beaucoup de jeunes esprits, parmi notre élite intellectuelle, paraissent revenir à la métaphysique, non seulement en matière purement philosophique, où elle est en tous cas inoffensive, mais aussi en matière sociale, où elle est plus dangereuse : car là, on descend vite des principes à l'application.

Précisément, un livre récent et remarquable de M. Ch. Andler, qui, sous forme de thèse, a fait grand bruit à la Sorbonne[1], et qui nous paraît assez bien résumer les tendances d'un groupe universitaire en voie de développement, est un essai de démonstration de l'influence des idées abstraites sur un ensemble de faits très réalistes de l'histoire contemporaine : le socialisme d'État allemand. L'auteur pose en principe, dès sa première page, que ce système social tient à des causes intellectuelles, à une « conversion des esprits, profondément troublés par quelques livres émouvants. » La sûreté même de cette affirmation, sans examen ni discussion préalable, est l'indice d'une certaine tendance d'esprit. Le lecteur a l'impression immédiate d'une vue systématique des choses

1. *Les origines du socialisme d'État en Allemagne*, par Charles Andler, maître de conférences à l'École normale, Alcan éditeur.

qui n'exclura ni le talent ni la logique de l'exposition, mais qui pourrait bien être incomplète ou partiale.

1

D'abord, M. Andler part résolument d'une définition du socialisme d'État qui lui permettra de le rattacher nettement à l'*idéalisme* germanique, tempéré ou combattu sur certains points par l'*historisme* du même pays. « Le socialisme d'État, — dit-il, — est une doctrine de réforme, respectueuse des nécessités historiques. Il ne change la tradition que lorsqu'elle est en conflit aigu avec la *justice rationnelle*... Le socialisme d'État atteste en cela qu'il a ses racines chez les théoriciens du commencement du siècle. »

Une question ainsi posée, et, en quelque sorte, simplifiée, se prête merveilleusement, sous la plume d'un écrivain rompu aux procédés de l'enseignement philosophique universitaire, à un exposé méthodique, avec des divisions du sujet bien symétriques et régulières, avec des catégories nettes, groupées autour d'une idée centrale : disposition satisfaisante, au premier abord, pour l'esprit du lecteur, qui aperçoit un livre clairement ordonnancé, comme un carrefour de forêt bien percée, où aboutissent les avenues droites et régulières. A la seconde impression, un certain doute naît dans l'esprit qui a réfléchi, sur le système et la façon de l'appliquer. On se demande si le procédé de la définition préalable est bien légitime en matière de phénomènes sociaux. C'est un moyen de créer des entités fictives (ou qui pourraient l'être) et de les opposer ensuite ou de les associer les unes aux autres, comme le fait de ses dieux une mythologie qui a incarné dans des noms de divinités des faits isolés, qu'ensuite le fil artificiel de l'esprit humain a rejoints et synthétisés. Mais, est-ce là se conformer aux règles de la méthode d'observation, qui ordonne de procéder du partiel au général, et d'établir les réalités avant de philosopher à leur sujet ? Ne faudrait-il pas d'abord, pour être rigoureux, examiner le socialisme d'État allemand en lui-même, étudier ses principes et ses doctrines ; voir quelles variations il a suivies depuis qu'il existe, quels rapports il soutient avec l'ensemble du caractère germanique, avec les autres institutions de la nation, avec l'évolution de son unité et de sa monarchie? Au lieu de procéder à cette nécessaire monographie du socialisme d'État de nos voisins d'Outre-Rhin, M. Andler va tout de suite aux principes du droit. Au fond, c'est une histoire

des principes du droit depuis Hegel jusqu'à
Rodbertus et Lassalle qu'il nous présente : histoire certes très intéressante, malgré le caractère
ardu du sujet et le jargon dont les Allemands
l'ont enveloppé, mais dont l'étroite corrélation
avec celui du socialisme d'État n'est pas prouvée
à priori, comme si celui-ci ne dût fatalement
être en quelque sorte qu'un reflet et une conséquence directe de l'idéal de justice formulé par
les philosophes, revisé ou atténué par les juristes ; et non — au moins en partie — le résultat
de faits et de circonstances beaucoup plus
concrets que tout le monde connaît [1].

II

Ici, c'est dans Hegel qu'on va chercher les origines et les fondements du droit nouveau, lequel
est à proprement parler, suivant M. Andler, qui

1. « L'Allemagne avait si longtemps végété sous le régime
de la dissémination fédérale, que la formation de l'unité nouvelle amena tout naturellement un courant d'enthousiasme
vers la force concentrée de l'État. Ce fut à qui glorifierait le
plus cette grande collectivité et la chargerait des plus nobles
fonctions... Un homme d'État qui aspirait à réunir dans sa
main le plus de pouvoir possible et à s'identifier avec l'État
devait naturellement favoriser ce penchant. » (L. Bamberger,
SOCIALISME D'ÉTAT, dans le *Nouv. Dictionn. d'écon. politique*).

l'affirme, l'objectif précis de toute école socialiste, le point d'appui sur lequel se fonde l'ensemble des réformes, « par lequel toute école
qui mérite le nom de socialiste estime qu'elle
peut abolir la misère. »

Hegel a proclamé que le « problème du droit
est de faire passer à l'existence réelle la liberté »,
— Voilà le point de départ: et ici il nous faut
suivre textuellement le commentateur, qui nous
mène, du premier bond, en plein raisonnement
métaphysique : « La liberté c'est l'esprit ayant
conscience de soi, comme de la réalité dernière.
Et il faut que la liberté soit, sans quoi il n'y
aurait pas d'existence véritable. C'est donner de
la vérité une définition juste que de l'appeler la
conformité de la pensée à l'être... La vérité est
une identité si profonde de la pensée et de l'être,
qu'elle est un être pensant. Il n'y a proprement
d'être vrai, que celui qui pense. Il n'y a pas de
pensée vraie qui ne soit la conscience qu'un être
prend de soi-même... » — Comment de ces premières vérités, Hegel, et son commentateur avec
lui, arrivent, après dix pages de déductions, à
établir que « ce qui fait l'homme libre et la personne juridique, c'est le droit de posséder », et
« qu'il n'y a de droit qu'entre des propriétaires »;
— comment, puisque l'existence vraie est la totalité absolue des formes d'existence, le vouloir

de tous aura une plus grande vérité que le vouloir individuel ; — comment, après un examen des conditions d'existence de la famille, l'auteur de la *Philosophie du droit* arrive à démontrer que la triple fonction de la société est : 1° de protéger la personnalité juridique en réprimant le crime ; 2° de surveiller les échanges ; 3° d'assurer du travail à tous les hommes ; — comment enfin il prouve que « cette organisation, l'État, établit la synthèse du principe de la famille et du principe de l'indépendance juridique », — nous n'avons pas la prétention de le montrer ici, chaînon par chaînon, et nous nous contentons de renvoyer à l'ouvrage de M. Andler le lecteur curieux de saisir sur le fait, s'il ne les connaît pas, les procédés de raisonnement de la métaphysique hégélienne. A-t-elle du moins satisfait son patient commentateur ? Pas le moins du monde : et c'est une cruelle surprise pour le lecteur attentif, qui a suivi (non sans peine) cette scrupuleuse et longue analyse, que de s'apercevoir, arrivé au dernier terme, que le subtil esprit philosophique qu'est M. Andler ménageait à l'auteur de la théorie de la liberté par l'État, une cruelle objection qui ruine tout son système : « Si la vérité était, elle serait sans doute l'identité de la pensée et de l'être. Mais, pour cela, il faut d'abord qu'il y ait de *l'être*.

Hegel commet là un oubli. Il se pourrait bien que l'être qui est le point de départ dans le hégélianisme ne fût qu'une notion. Le *vouloir* même, dans ce système, est un raisonnement logique. Et, s'il est dit, en revanche, du raisonnement, qu'il est un vouloir, ce vouloir n'est pourtant que le mouvement tout intérieur de la pensée. Le système de Hegel serait tout pareil à ce qu'il est, si le monde n'existait pas et qu'il fût simplement un spectacle que se donne la pensée spéculative : « Welch Schauspiel! aber ach! ein Schauspiel nur! [1] »

Ce monde qui existe — et non celui qui pourrait exister — c'est celui auquel s'attachent plus spécialement les juristes de l'école de Savigny, dont M. Andler comprend les doctrines sous le nom d'*historisme*. Une lutte entre l'*historisme* allemand et les théories spéculatives du droit, les transactions que d'autres penseurs ont cherché à établir entre eux ; l'influence variable, suivant les péripéties du conflit, tantôt de la tradition respectueuse des faits, tantôt de l'idéalisme, hardi à renverser ce qui existe, pour le remplacer par le droit rationnel ; enfin, la synthèse des deux méthodes et des deux esprits dans le socialisme d'État qui, par Rodbertus et Las-

____

1. Quel spectacle! mais rien qu'un spectacle!

salle, a triomphé vers 1872, et qui, à cette époque « a réconcilié, non seulement pour un temps, mais logiquement, l'historisme vrai et le rationalisme », c'est là le tissu du drame philosophico-social que M. Andler analyse dans tous ses détails avec une patience et une connaissance du sujet que nous admirons, non sans nous demander si là encore il n'est pas victime, en plus d'un endroit, de son penchant pour la symétrie des idées et pour la recherche de filiations directes d'abord entre les idées elles-mêmes, puis entre les idées et les faits ; — suivant ainsi une pente familière aux intelligences françaises et surtout à celles qui se sont développées dans les hautes sphères de l'enseignement classique.

III

Pour retrouver et saisir ces filiations, M. Andler a analysé, avec un soin méticuleux, des théories terriblement nuageuses, qui ressemblent trop souvent à de simples logomachies où leur auteur se perd dans ce que le commentateur actuel appelle poliment : « Un cercle sans issue » ; théories que les Allemands eux-mêmes ont singulièrement laissées dans l'ombre, depuis bien des années, pour passer à des vues plus pratiques. A notre avis, le consciencieux écrivain s'est étendu avec trop de complaisance dans ses descriptions. Que certaines de ces théories représentent de remarquables et parfois puissants efforts de l'esprit de l'auteur qui les a conçues, c'est un fait incontestable, — le lecteur n'en jugeât-il que par la peine qu'il a à les suivre même dans l'abrégé qu'on reproduit M. Andler : — mais qu'elles aient, sauf dans quelques aperçus ingénieux par où elles rectifient ou complètent les économistes antérieurs [1], une sérieuse valeur scientifique, c'est une autre question ; et, sur ce point, le livre même de M. Andler fournit de sérieuses raisons de douter. Il a généralement, en terminant l'analyse des auteurs qu'il examine, des phrases terribles ! Celui-ci a confondu la logique des idées de l'esprit avec la liaison des faits réels ; l'autre, en construisant un complet édifice social où la direction du travail et la répartition des produits sont confiées à l'État, seul organe de la justice, ne s'est pas assez défié de

1. Surtout sur l'importance des phénomènes de collectivité ou si l'on aime mieux de *socialité*, tant dans la production que dans la valeur des richesses. S'il y a quelque chose de juste dans les théories dites socialistes, c'est cette vue plus approfondie des répercussions de la communauté, dont certains auteurs n'avaient pas tenu assez de compte, même au point de vue purement économique.

l'intelligence, — il aurait fallu ajouter: de la probité — des hommes dirigeant l'État. La théorie de la valeur, de Rodbertus et de Lassalle, est « un dogme en ruines », parce qu'ils n'ont ni l'un ni l'autre tenu compte du « besoin social comme facteur de la valeur... Tous deux ont montré le faible des mythologies des rationalistes outranciers de l'école de Gans : mais ils en ont imaginé de nouvelles où se reproduisent pour une part les vices des théories qu'ils avaient détruites. » Le jugement d'ensemble de M. Andler est une condamnation en bloc : « Ce que nous avons décrit, écrit-il à la fin de son livre, c'est surtout un effondrement successif de théories. »

L'auteur compare ces défectuosités à des lézardes partielles qui se seraient produites dans des constructions déjà anciennes. « C'est un long espace de temps que vingt-deux ans révolus depuis la mort de Rodbertus, trente-trois ans passés depuis la mort de Lassalle, cinquante ans écoulés sur l'œuvre de Thünen. Peu d'œuvres de science, après un tel laps de temps, demeurent intactes. Pourtant, de l'œuvre que les classiques du socialisme ont accomplie, quelques fragments précieux se sauvent... quelques-uns des principes idéaux posés subsistent aujourd'hui même. »

Oui : mais ils pêchent, aussi bien que les édifices dont ils sont détachés, par un caractère commun : l'idéalisme — on devrait mieux dire : l'idéologie, ou la mythologie. « Le socialisme d'État, écrit M. Andler, est une théorie idéaliste. » Ce serait un mérite, s'il s'agissait d'édifier une philosophie ou une religion sans retentissement immédiat sur celles des relations des hommes qui tombent dans le domaine des lois, s'il était question, par une diffusion d'idées généreuses, de répandre parmi les sociétés un courant de morale et de philanthropie. Mais ce n'est pas là l'objectif du socialisme d'État. Il n'est rien, et M. Andler le démontre bien, s'il n'est juridique et législatif. Ce n'est pas au cœur des hommes ni à leurs sentiments qu'il prétend s'adresser ; il veut déterminer leurs droits, pour assurer aux uns la réalisation de ces droits et imposer aux autres le redressement de leur usurpation. Qui ne voit combien ici l'idéalisme est dangereux ? Telle formule qui, dans un livre de métaphysique ou dans un traité de morale, pourrait manquer de précision, mais être cependant féconde en œuvres de générosité ou de bienveillance, devient, entre les mains du socialisme d'État, un moyen d'oppression d'une classe par une autre, et sous l'apparence d'un redressement, aboutit à un écrasement. Combien, en pareille matière, il faudrait être prudent dans la formule des propositions générales desquelles on fera découler par voie d'une logique verbale implacable, des systèmes sociaux armés de tous les procédés de coërcition de l'État moderne! Combien il faudrait observer les faits, les réalités de la complexe organisation économique et sociale, avant d'établir *le droit*, avant d'affirmer que ce droit est violé et de confier à l'État le soin de le rectifier!

Les idéalistes font bon marché de cette prudence et de cette observation positive. Ils procèdent à l'instar des théologiens, par des affirmations. Seulement au lieu de puiser leurs prémisses dans un livre consacré, sous la garantie d'une interprétation séculaire, ils les demandent à leur raison raisonnante ; une fois établies sur des bases rationnelles satisfaisantes pour leur esprit, ils les proclament comme des dogmes et laissent ensuite aux esprits de second ordre le soin d'en déduire les conséquences sociales et autres, jusqu'aux plus lointaines. Il ne manque jamais de logiciens pour accomplir cette besogne qui ne demande qu'un peu de rigueur dans les procédés déductifs, et l'habitude des dissertations philosophiques. Ni la France, ni l'Allemagne n'ont, à aucune époque, été à court d'esprits pourvus de ces conditions.

IV

Tous, auteurs de systèmes sociaux et leurs commentateurs, oublient un point, à un moment donné de leurs déductions spéculatives, à savoir la nature des hommes et des choses, non telle qu'il faudrait qu'elle fût et qu'ils la supposent, pour que leurs systèmes soient applicables, *mais telle qu'elle est*. Ils refont le monde du fond d'un couvent ou d'un jardin d'Académie, sans fenêtre ouverte sur le monde réel, sans contact avec les êtres vivants et les objets réels.

Tout socialisme d'État repose sur une conception abstraite qui est un véritable postulat : l'État, supérieur en intelligence, en moralité, en idéal même de justice, au reste des hommes. Une fois admise cette conception *a priori* de l'État, qui est à proprement parler la conception hégélienne [1], et qui a inspiré tout le « socialisme de la chaire » germanique, le reste de la théorie

1. Cf. Jaurès : *Origines du socialisme allemand* : « Hegel a mis l'État au-dessus de la Société : il d poussé les hommes à soumettre toute leur vie, c'est-à-dire même leurs biens à l'unité, à la loi, à la raison divine de l'État. Voilà les appuis que le socialisme a empruntés à la philosophie hégélienne du droit. » (*Revue socialiste*, août 1892). Heine avait dit des chefs du socialisme allemand : « Ce sont de grands logiciens sortis de l'école de Hegel. »

se justifie aisément ; et il n'est pas besoin des démonstrations compliquées d'un Hegel, d'un Rodbertus ou d'un Lassalle pour prouver combien un globe gouverné, dans ses faits économiques aussi bien que politiques, par des dieux ou par des anges, l'emporterait sur l'organisation demi-étatiste, demi-individualiste d'un corps social, livré, comme le nôtre, à la concurrence, aux incertitudes des courants commerciaux, aux erreurs, aux passions ou aux caprices des individus ou des foules.

S'il était possible de réaliser cette utopie, un gouvernement parfait qui saurait à la fois produire dans les conditions les plus avantageuses, et établir la justice complète parmi les hommes, une solution socialiste serait immédiatement désirable comme remède à l'état de souffrance et de désordre relatif où se débat le monde. Le Saint-Simonisme avait vu clair sur ce point. Il avait bien établi, comme le rappelle M. Andler, que les questions sociales proviennent d'une justice méconnue, mais il avait, du même coup, établi la hiérarchie sociale qui devait imposer la justice méconnue ; — qui devait d'abord l'apercevoir et ensuite la réaliser, ce qui n'est pas donné *a priori* à tous les gouvernants, uniquement parce qu'ils sont gouvernants. Aussi le Saint-Simonisme avait-il fait des gouvernants un clergé, dominant par sa supériorité scientifique, intellectuelle et sympathique, appelé par l'amour des hommes, accepté par leur respectueux et docile consentement, qui, à la fois, stimulait par les sentiments et réglait par la discipline les groupes de travailleurs. Il a été dans cette voie au chimérique et même à l'absurde, et il s'y est brisé. Mais il a eu le mérite d'être logique et de montrer par avance où se briseront, dans les conditions actuelles de l'humanité, tous les essais de construction artificielle d'un système social voulant réaliser la justice idéale parmi les hommes en l'appuyant sur un principe d'autorité d'origine terrestre, qui est le seul d'ailleurs qui s'accorde avec le rationalisme.

Car c'est toujours là où il faut en revenir: l'État visé par certains rêveurs germaniques, comme un justicier, n'est qu'une abstraction qui change singulièrement de caractère, quand on descend à la réalité des choses. Il faut voir, dans ou derrière l'État, ce qui le constitue, c'est-à-dire les hommes. Quels sont ceux, et qui les désignera, — ou, une fois désignés, qui leur obéira? — qui sauront établir parmi les autres hommes la liberté dans la justice, en déterminant, suivant la formule de Lassalle, « les objets matériels que les individus auront le droit de posséder, et ceux qui, sortant de la propriété privée, devront rentrer dans la propriété collective?... » Quels sont les hommes qui régleront avec équité l'état économique dans lequel la justice consistera « à ce que chacun reçoive, à proportion de l'effort fait par lui pour contribuer à la richesse totale? » Quels sont encore ceux qui réorganiseront la production sociale, allégée du fardeau de la *rentabilité* et des pertes de force vive de la possession individuelle, — mais dépouillée aussi de l'attrait de la propriété privée et de sa suite naturelle, l'héritage, — de façon à réaliser le programme de Rodbertus : « 1° produire en vue des besoins sociaux et les satisfaire dans l'ordre de leur urgence ; 2° produire, avec la plus grande économie possible des forces de production ? » — Quels sont encore ceux qui, tout monopole supprimé, y compris la rente du sol et l'intérêt des capitaux, régleront et répartiront, suivant les termes du nouvel idéal, le seul revenu individuel soi-disant légitime: le salaire[1] ?

1. Le raisonnement de M. Andler, pour prouver que le salaire est le seul revenu légitime, me paraît faible. La productivité de toute industrie, dit-il, vient de la vie sociale. Seul, le salaire ne repose pas sur un monopole. Tout homme normalement constitué peut travailler, et le fruit de son travail doit lui appartenir *intégralement*, ce qui n'est pas dans le système actuel et ce qui justifie l'intervention de l'État. Que d'objections à faire à cette argumentation simpliste sur laquelle

Une fois abolie la rentabilité, écrit M. Andler, ou suivant la pensée de Rodbertus, le salaire se grossirait de toute la différence entre les frais d'entretien des hommes (sa base actuelle), et la productivité qu'a arrachée aux agents naturels l'effort de tous les hommes, accumulé durant tant de siècles. Le bénéfice collectif serait réparti entre les individus, proportionnellement à la quantité et à la quotité de leur besogne, *évaluée par une entente au sujet de sa valeur sociale* [1].

au fond, reposent exclusivement les conclusions *actuelles* de M. Andler! Comment n'aperçoit-il pas la contribution de la société dans la *sécurité* de l'ouvrier, dans la viabilité qui lui permet d'aller à son travail et d'obtenir l'échange des produits, dans les mesures générales d'hygiène et de police, dans le développement entier de la civilisation et de la science? Comment ne voit-il pas le correctif qu'apportent au soi-disant monopole de l'appropriation des sources de production, la liberté des coalitions et des grèves, et le régime démocratique de suffrage universel qui met la puissance matérielle et gouvernementale du côté du nombre, par conséquent, des salariés?

1. L'expropriation, ajoute M. Andler, se fera, mais elle sera graduelle. D'ailleurs, dans une note, il annonce une *Étude sur la décomposition du marxisme*, dans laquelle il exposera « comment on peut espérer d'assurer la justice sociale, sans aucune expropriation ». Pour le moment, la proposition à laquelle M. Andler paraît se ranger, — on n'est jamais sûr s'il expose sa pensée personnelle ou celle des auteurs qu'il analyse, — est celle-ci : On demandera d'abord aux individus de renoncer à cette part de revenu que leur vaudrait, selon le droit actuel,

Aperçoit-on tout ce que renferme d'inconnu, d'injustices et d'oppressions possibles, ce dernier petit membre de phrase ? Arrivé à sa dernière page, M. Andler lui-même semble pris d'hésitation sur l'efficacité de la solution qui lui a paru surnager au naufrage des autres parties des systèmes qu'il a analysés.

« Déjà l'on peut voir, dit-il, que dans la répartition future, les besognes seront évaluées selon l'utilité sociale. Mais comment décidera-t-on de ce qui correspond au besoin social ? N'y aura-t-il pas place ici pour de grands désaccords ?... Des questions nouvelles surgiront ainsi des questions résolues. »

Assurément, des questions nouvelles surgiront ; mais qui peut dire que les anciennes auront été résolues, à moins qu'on ne considère comme une solution la simple oppression momentanée d'une minorité possédante par une majorité qui, au nom de la raison d'État et pour satisfaire un idéal de justice mal définie, s'emparerait de la propriété individuelle et la déclarerait propriété collective, au risque de tuer tout d'abord l'ardeur au travail et de tarir les sources mêmes de la

l'accroissement ultérieur de la productivité. On fixera à son taux actuel toute rente, mais on n'en privera personne. La rentabilité arrêtée dans son ascension, cessera de paralyser la production sociale.

production — ce qui serait une mauvaise condition pour en *socialiser* les fruits ?

Celui qui bâtit sur l'idéalisme en matière sociale, bâtit sur le sable, et bâtit, par suite, des édifices dangereux. C'est une vérité qui semblait de notre temps avoir définitivement triomphé. Après les déceptions des systèmes utopiques de la première moitié du siècle, et sous l'influence du développement merveilleux des sciences appliquées, la méthode d'observation avait ramené à elle, depuis cinquante ans, en matière sociale, les esprits supérieurs. On laissait de plus en plus de côté les principes métaphysiques qui s'appliquent mal à la complexité et au relatif des choses de la *cité*; on tâchait d'apercevoir, non l'homme abstrait suivant telle ou telle formule, issue de l'esprit géométrique, philosophique ou poétique d'un penseur ou d'un rêveur, mais les hommes, tels qu'ils sont, avec leurs traditions, leurs coutumes, leurs instincts *enracinés*, leurs mobiles d'activité profondément ancrés dans les cœurs et les tempéraments par des siècles d'expérience et d'hérédité. Ceux qui, parmi les socialistes, ont la prétention de philosopher et d'être autre chose que des démagogues en quête de popularité ou des organisateurs d'élections dont ils profitent, sont en train de revenir à l'homme classique du xviii° siècle et de la révolution :

seulement, au lieu du libéral de 1789 et du citoyen politique créé d'un bloc, ils construisent de toutes pièces un mannequin collectiviste. Ils le supposent conforme à leur raisonnement, à leurs formules économiques ou sociales. Ils oublient une seule chose : La Vie. Elle échappe à leur conception spéculative. Elle est faite du passé autant que du présent, de préjugés autant que de raison, d'accoutumance autant que de désirs de changement, et nos modernes théoriciens n'en tiennent aucun compte. Aussi leur œuvre n'est-elle pas viable. Conçue pour parer à la soi-disant injustice de la propriété individuelle et rendre aux salariés leur part des moyens de production, — ce que la liberté, l'association, l'éducation, le progrès scientifique et la baisse de l'intérêt qui en résulte, réaliseraient peu à peu, sans révolution violente économique ni sociale, — elle est grosse, par son indétermination même, de plus d'injustices que celles auxquelles elle voudrait remédier : car elle remet par définition l'arbitrage social à un juge qui forcément manquera de lumières, d'équité ou d'autorité.

C'est là un côté du sujet que M. Andler n'aborde pas aujourd'hui. Il réserve pour une autre publication ce qu'il appelle les questions pratiques. Je regrette ce délai, à la fois pour le lecteur et pour l'auteur lui-même. Le véritable *criterium* d'une doctrine sociale, c'est moins le principe de justice plus ou moins fuyant sur lequel elle s'appuie, que ses conditions d'application. Toute organisation légale ou constitutionnelle est, avant tout, un *modus vivendi*, qui, s'il l'emporte sur les autres qu'on a essayés ou qu'on pourrait essayer, ne l'emporte que par des avantages relatifs, que parce qu'il réalise dans les choses humaines du *moins mal.*

Chercher la justice sociale avant de savoir comment elle pourra s'instituer, c'est, suivant une expression vulgaire, mettre la charrue avant les bœufs. Les utopies n'ont jamais manqué dans la littérature philosophique, poétique ou religieuse. Il faudrait les y laisser et ne pas aborder les questions sociales comme un problème de métaphysique, où l'esprit puisse sans danger déployer sa subtilité dialectique, ou bien comme un poème où le cœur laisse couler à larges flots ses instincts généreux et philanthropiques. En matière sociale toute parole porte. Chaque ébranlement imprimé aux choses légales peut être gros de misères et de désordres. Ce n'est pas une raison pour ne les ébranler jamais ; mais il faut, quand on y touche, savoir et dire ce qu'on veut mettre à la place, et pouvoir baser sur des raisons positives la croyance que ce qui en résulterait serait meilleur pour la collectivité que ce qui existe. La hardiesse des doctrines n'est un bien qu'à condition qu'elle se double, chez ceux qui les répandent, du sens de la responsabilité.

« On peut, écrit M. Andler dans son *Introduction*, démontrer scientifiquement que certaines institutions adoptées donnent de certaines conséquences, comme la misère, et on peut démontrer que d'autres institutions les éviteraient [1]. »

De pareilles propositions lancées au passage comme des vérités incontestables, par un esprit aussi distingué, aussi pourvu de grande culture que l'est M. Andler, donnent le frisson. Il n'est tel, pour être ainsi catégorique en matières sociales, que d'y procéder suivant les méthodes de la philosophie spéculative, et de se figurer qu'à ce titre on est scientifique. Livrez l'organisme civil et économique à des esprits aiguisés et subtils, rompus au maniement des idées, servis par de grands talents de plume ou de parole, qui restent hors de l'observation des faits réels : de leur travail de métaphysique sociale ils

---

1. M. Andler écrit quelques lignes plus bas : « A quoi tient la misère et comment on pourrait y remédier : voilà ce qu'on peut savoir avec certitude. » Quelle aisance dans l'affirmation !

tireront, avec une sécurité parfaite, le socialisme d'État ou le collectivisme; et si la réalité ne s'accorde pas avec leur rigoureuse argumentation logique, c'est la réalité qui, à leurs yeux, aura tort.

VI

SOCIALISME ET DÉVOUEMENT SOCIAL

A ceux qui repoussent et combattent le socialisme contemporain, — on lance volontiers le reproche d'individualisme ou même d'égotisme. Dans leur répugnance pour l'organisation arbitraire, artificielle, oppressive d'un État compris à la façon collectiviste, on veut voir — souvent par un pur procédé de polémique, quelquefois aussi à la suite d'un sérieux malentendu — une sorte de méconnaissance des devoirs de l'homme vis-à-vis de ses semblables, la proclamation de l'isolement de l'homme dans l'espèce, constaté par une abstraction tout à fait illégitime et sanctionné par une science *oublieuse des réalités* : on leur reproche de créer *l'homme économique* qui aurait bien peu de rapports avec l'homme vraiment vivant et agissant dans son milieu familial et social. Pour beaucoup de personnes qui cèdent à certaines suggestions du socialisme, c'est le sentiment des lacunes de l'individualisme au point de vue de la solidarité sociale, qui les émeut et les entraîne[1]. Elles sentent en elles une vibration d'humanité dont le socialisme leur paraît comme un écho démesuré, mais qui renferme cependant des sons véritables de leur cœur.

C'est là un sujet sur lequel il faut s'expliquer clairement ; et tout d'abord il est nécessaire de s'entendre sur le sens des mots, ce qu'on fait rarement dans les discussions de ce genre. On oppose artificiellement l'individualisme au socialisme ou la liberté à la solidarité, en supposant des simplifications d'idées qui ne sont nullement conformes à la réalité des faits.

« Quelque chose de l'homme a traversé mon âme »

a dit un poète philosophe[2], marquant par là à la fois dans un vers éloquent la générosité de sa nature et sa communauté de façon de sen-

1. Voir entre autres la chronique de la *Revue des Deux-Mondes* du 1er mars 1898 dont l'auteur, dans une variation brillante sur les mots et les idées, trouve « de bonnes choses dans le socialisme et qui sait ! peut-être même dans le collectivisme. »

2. Sully-Prudhomme (*Epreuves*).

tir avec un grand nombre de ses contemporains. A ce premier vers il en a ajouté un second :

« Et j'ai tous les soucis de la fraternité. »

Ici, ce n'est plus l'homme nouveau qui parle, c'est l'héritier des stoïciens grecs, des prophètes juifs et des chrétiens.

On peut se demander si cette définition du rapport qu'il est désirable de voir régner entre les hommes est bien d'accord avec la réalité d'aujourd'hui. La fraternité est une chose, et le sentiment d'un certain lien qui existe entre l'homme individu et l'homme collectivité en est une autre. Il y a des connexités entre ces deux sentiments : mais il y a aussi des différences essentielles. Aucun mot d'un emploi général n'a jusqu'ici répondu à la définition de ce lien spécial, probablement parce qu'il commence seulement à apparaître sous son véritable jour à la conscience humaine. On lui a appliqué beaucoup d'expressions ou d'images inexactes ou inadéquates. Elles ont le tort de laisser dans les esprits et par suite dans les cœurs, une idée fausse de ce qu'elles veulent représenter. *Fraternité, philanthropie, solidarité, socialisme*, pèchent chacun par quelque côté. *Fraternité* en dit trop et crée entre les hommes une apparence de relation étroite de consanguinité, inexacte en fait et qui est grosse de péril, en dehors de la famille où seule elle existe réellement. *Philanthropie* est un mot trop vague et peu défini. *Solidarité* constate une interdépendance indéniable entre les êtres vivants, mais qui ne crée pas entre eux, du fait seul qu'elle existe, un devoir moral : elle établit aussi bien les droits de chacun *sur* tous que les obligations de chacun *envers* tous. Il faudrait une règle morale au-dessus d'elle pour déterminer le droit et le devoir de chacun des co-participants : sinon chacun pourrait se croire autorisé à compter sur les autres et à ne leur rien donner. La solidarité à elle seule ne résout rien[1]. *Socialisme* a été détourné de son sens

1. « La solidarité, disait M. Rambaud, à une distribution des prix du Concours général, donne à nos obligations le caractère rigoureux d'une dette... elle rend palpable la notion du devoir et en même temps le grandit prodigieusement... » Et l'orateur montrait le travail séculaire des hommes créant la nation sans laquelle l'individu ne serait rien et ne pourrait pas même vivre : d'où il concluait à une *dette* de tous les vivants vis-à-vis des morts. « Aujourd'hui même, l'individu n'a ni tissé les vêtements qui le couvrent, ni produit les mets placés sur sa table, ni conçu le livre, ni fabriqué les outils nécessaires à son activité. Il vit sous la protection de lois équitables qui ne sont pas sorties de son cerveau. Du berceau jusqu'à l'adolescence, c'est à l'effort commun de tous qu'il doit la sécurité de chaque minute de sa vie et la substance même dont ses membres sont formés... Ainsi le citoyen tient tout de la nation. La conséquence n'est-elle pas qu'il lui doit tout ?... Les lois positives se bornent le plus souvent à déter-

primitif et désigne actuellement des organisations artificielles et intolérantes, des règlements des rapports du travail et du capital envisagés sous un angle étroit et qui ont peu de rapports avec les tendances humanitaires et réformatrices des premiers socialistes. D'ailleurs même ceux-ci ont toujours eu en vue plutôt un système social fondé sur des principes particuliers d'autorité et de hiérarchie bienfaisantes, que l'ensemble des relations entre membres de la société, telles qu'elles résultent de la nature des choses et en laissant à chacun des membres la plus grande somme de liberté possible, ce qui est notre idéal actuel.

miner ce qu'il ne doit pas faire. La loi de solidarité vient suppléer au silence de nos codes. De la notion de solidarité découle une notion du devoir autrement précise et rigoureuse que celle qui ne reposerait que sur les idées de charité ou même de fraternité. »

Plus précise peut-être ; plus rigoureuse dans le sens d'une *obligation* mieux déterminée par définition, je ne le pense pas. Il n'y a d'obligation morale positive, que là où il y a consentement. Le reste est nécessité, ou conditions naturelles de la vie. L'homme n'est pas consulté pour naître. Il est le prolongement de ceux qui le mettent au monde et qui ont contribué à créer à la fois l'être nouveau et le milieu où ils le placent. Ce sont là des liens naturels entre les générations, mais qui n'établissent pas entre elles de véritables dettes, pas plus que l'homme n'a une dette vis-à-vis de la nature parce qu'elle lui fournit de l'air à respirer et des poumons pour le respirer. Ce sont les conditions mêmes de la vie. C'est de l'existence sociale et de ses combinaisons essen-

On fonde plus facilement un empire qu'une expression. Les puissances et les Académies s'y évertuent vainement. Le néologisme naît parfois d'un hasard ; puis il se répand parce qu'il répond à une idée ou à un sentiment qui s'est lui-même répandu comme un phénomène soudain généralisé et qui n'a pas trouvé son image exacte dans les modes verbaux existants. Ainsi notre fin de siècle a vu surgir la « rosserie » et la « veulerie ». On ne nous le tiendra peut-être pas à grand honneur.

Ce que devrait exprimer le mot que nous voudrions voir se répandre, est complexe et n'en est pas moins réel.

tielles que sortent les devoirs proprement dits des citoyens vis-à-vis les uns des autres ; devoirs sans lesquels l'association, dite sociale, ne serait pas possible [*]. Par extension de ses devoirs vis-à-vis de ses concitoyens, devoirs qui appellent en échange ceux de ses concitoyens vis-à-vis de lui-même, l'individu conçoit une sorte d'obligation de sentiment à l'égard des générations éteintes, ou même de la nature en général, qui dans une certaine mesure est digne d'être encouragée et peut être bienfaisante, à condition d'être éclairée, car tout n'est pas bon ni dans le passé, ni dans la nature ; à condition aussi qu'on ne confonde pas, par l'abus des métaphores (ce qui est le grand péril de notre littérature philosophique et sociologique contemporaine), une simple tendance de sensibilité morale avec les obligations morales réciproques très rigoureuses de la communauté sociale.

[*] M. René Worms a bien développé ce point de vue dans « Organisme et société » dont nous sommes loin d'ailleurs de partager toutes les idées, p. 372.

L'homme est à la fois individu et collectivité. Aristote l'a défini un animal sociable. Il naît de parents qui lui ont donné une partie d'eux-mêmes non seulement pour le former matériellement, mais pour nourrir, développer, aider et instruire son infance. Il est lui-même destiné à se perpétuer, et pour cela, après avoir donné à d'autres êtres de sa propre substance, il leur donne sa protection, son activité, ses soins, — don duquel sa seule récompense sera la satisfaction d'un instinct profondément implanté dans sa nature et tout à fait distinct de celui de sa propre conservation. A mesure que l'homme se civilise, le caractère *altruiste* de son existence tout entière se développe, et cela par la bonne raison qu'il ne se civilise que par l'altruisme. Il est sorti des premières épreuves de sa lutte contre la nature ambiante, grâce à la coopération avec ses semblables, famille, horde, tribu, cité, état. Dans ce dernier stade comme dans les précédents, non seulement il ne peut vivre matériellement que dans et par la collectivité, mais il sent le besoin de plus en plus profond d'être aimé, estimé, et d'aimer et d'estimer les autres, — d'abord dans le cercle de ses proches, de sa compagne, de ses enfants, de ses parents, de ses compagnons, puis dans une étendue d'êtres humains qui va toujours s'amplifiant à mesure que la civilisation et l'ordre pacifique s'étendent : cercle qui atteint les êtres non encore vivants représentant l'avenir de l'humanité, auquel, dans un certain stage de culture et de moralité, nous nous attachons autant qu'à son présent.

Tous les sociologues, depuis Auguste Comte, ont longuement exploré ce sujet[1]. L'ordre des sentiments altruistes existe si bien chez les êtres humains qu'on a pu dire que de tout temps, sous ses diverses formes[2], il a servi de base à la fois aux religions et aux établisse-

1 Bacon avait dit, avant les sociologues modernes, dont Auguste Comte est le père : « Il y a dans la nature de l'homme une inclination secrète, une tendance vers l'amour d'autrui. » Cf. H. Spencer, *Justice*, p. 215 : « Trois mobiles distincts ont poussé les hommes originellement dispersés en familles errantes, à s'associer plus étroitement : le désir de sortir de l'isolement a été un de ces mobiles et quoi qu'elle ne soit pas universelle, la socialité est un caractère général des êtres humains qui les pousse à l'agrégation. Le second mobile c'est la nécessité de l'action combinée contre les ennemis humains ou animaux et la nécessité de la coopération en vue de résister à l'aggression extérieure ou de la pratiquer. Le troisième but poursuivi, c'est la facilitation de la sustentation par l'assistance mutuelle, et par la coopération en vue d'une meilleure satisfaction à procurer aux besoins physiques et par la suite, aux besoins intellectuels et moraux. »

2. Les sociologues contemporains sont enclins à considérer chacun la prédominance d'une de ces formes et à lui attribuer l'influence prépondérante sur les phénomènes sociaux : de là bien des discussions et des systèmes sur lesquels ce n'est pas le lieu d'insister ici. La vérité est que chacune de ces

ments civils[1]. L'ayant constatée dans le passé, ayant suivi son évolution dans l'histoire, ceux qui veulent le *mieux* de l'espèce humaine cherchent avec anxiété quelle direction prendra cette catégorie de sentiments sous les conditions nouvelles qui régissent le mouvement social : ils se demandent comment le rationalisme triomphant et l'individualisme qui en résulte tout d'abord, puis l'entraînement démocratique qui en est la seconde conséquence, agiront sur les tendances altruistes ; quel obstacle ils apporteront au développement de celles-ci ; quelle exagération des réactions contraires pourront leur imprimer. Observateurs attentifs des mouvements de pensée et d'opinion contemporaines, ils voient tantôt ces instincts comprimés à l'excès, tantôt exaltés d'une façon périlleuse pour l'activité humaine, et pour le bien social qui en est le fruit.

II

Une de leurs préoccupations est de savoir si, dépouillée de ses croyances dogmatiques, et

formes a joué son rôle parallèlement aux autres et en contribuant au même résultat de solidarité sociale de l'individu avec les morts, les vivants et les futurs vivants.

1. Cf. Guyau, *L'irréligion de l'avenir*, 1er chap.

comme laïcisée par la science, l'âme humaine pourrait dans l'ordre des sentiments altruistes, conserver la chaleur et l'élan nécessaires à leur faire produire leur action bienfaisante. C'est là, on peut le dire une question passionnante et de laquelle dépend pour les esprits indépendants, leur confiance dans l'amélioration sociale. En effet, l'évolution scientifique de tous les ordres de sentiments, d'idées et de croyances, se poursuit avec plus ou moins de rapidité, mais elle ne rétrograde jamais d'une façon définitive : c'est la conclusion que nous fournit l'histoire de la civilisation ; et tant que des faits nouveaux et suffisamment durables n'auront pas surgi pour l'infirmer, il faut bien nous y tenir. C'est un mouvement qui échappe à nos volontés, étant le fruit de la logique des choses. Il est plus fort que les résistances qu'on voudrait lui opposer. Il s'étend à la façon d'une contagion toute-puissante ou d'une irrésistible cristallisation. En effet, les succès triomphants obtenus par une méthode intellectuelle dans une branche de l'activité humaine lui créent forcément de nouveaux champs d'exploration. Le domaine moral est déjà envahi par les procédés de la science et ne s'y dérobera pas plus que le domaine physique où ils ont produit des merveilles.

« Qui peut prévoir, disait l'éminent et prudent

penseur qu'est M. Albert Sorel, à la séance de rentrée de l'Université de Lille (3 octobre 1897), qui peut prévoir les influences que par contre-coup, par analogie, les méthodes, les exemples, les découvertes d'un Pasteur, transportées de l'étude des organismes vivants à l'étude des sociétés humaines, peuvent exercer sur nos sciences historiques et sur nos sciences sociales ?... Tout est lié dans les choses humaines, et il n'y a qu'une méthode pour en acquérir les connaissances. L'art social ne se forme point autrement que la médecine ou l'histoire. S'il doit y avoir un jour une science sociale proprement dite, ce sera par l'application aux faits sociaux des procédés des sciences exactes, des sciences de la nature[1]. »

Sans doute, l'investigation sur le terrain de la science appliquée aux choses sociales est beaucoup plus difficile et lente que sur d'autres, à cause de la complexité des phénomènes et de leur caractère fuyant. Je ne me laisse pas cependant décourager par la lourdeur des méthodes qu'on a appliquées à la sociologie, « cette science baptisée avant d'être née, » comme l'a dit spirituellement M. Tarde, ni rebuter par les erreurs

1. « Sans que nos cœurs s'en doutent, le télescope et le microscope ont déjà changé nos cœurs. » (Izoulet, *la Cité moderne,* p. 14.)

qu'on a commises dans l'application de ces méthodes[1], par les confusions qui se sont établies entre des branches d'études bien différentes et qu'on a à tort mélangées, par les résultats trop hâtifs qu'on a bruyamment proclamés. La réalité est que l'observation méthodique, qui déjà aux mains de Platon et Aristote, s'était portée

[1]. Sur les questions mêmes de méthode — les plus importantes lorsqu'il s'agit de fonder une science ou de la développer — des divergences graves subsistent entre les sociologues. Voir *Les règles de la méthode sociologique*, par Durckheim, qui, après avoir critiqué celles posées par les plus illustres comme A. Comte, Spencer ou S. Mill, essaye d'en poser de différentes, lesquelles à notre avis prêtent également à l'objection. Même sur la définition des « faits sociologiques » on ne s'entend pas. M. Durckheim qui en propose une me paraît tomber dans l'erreur qu'il reproche aux sociologues en général de prendre des *concepts* pour des *choses*. Il définit faits sociaux ou sociologiques ceux qui *s'imposent* ? N'est-ce pas les hommes qui se les imposent ou à eux-mêmes, ou mutuellement ? Il n'y aurait donc là qu'une généralisation de faits individuels propagés par la contrainte de quelques-uns, ou par l'imitation volontaire de la majorité. Il y a dans toute tentative d'assimiler la société à un organisme ayant sa vie propre en dehors de celle des individus qui la composent, quelque chose d'arbitraire et de factice qui compromet les définitions qu'on appuie sur cette base. Avant de définir il faudrait, comme dans toutes les sciences dites d'observation, d'abord bien observer. La classification viendrait ensuite.

Nul à notre avis n'a élucidé avec plus de précision les difficultés de l'analyse appliquée aux lois sociales, que S. Mill dans sa *Logique* (fin du 2º vol. de la trad. franç.). Voir aussi les ouvrages de M. Tarde qui a eu le mérite de combattre avec énergie

avec fruit sur les phénomènes sociaux, y a été ramenée de notre temps avec une singulière vivacité. Des esprits de tout genre et de toute provenance ont apporté à ces études un zèle extraordinaire. Il ne faudrait pas conclure de la confusion d'idées ou des vices d'analyse de quelques-uns, à l'impuissance générale de la science en ces matières. La science a seulement besoin dé s'adapter à ce milieu encore relativement nouveau pour elle, et d'abandonner, pour l'aborder, quelques-uns de ses procédés de simplification ou de généralisation hâtives, qui peuvent réussir dans d'autres champs d'exploration, mais qui

l'assimilation de la société à un organisme et de la sociologie à la biologie. Ses idées sur l'imitation comme facteur principal de la vie sociale sont fécondes. Je lui reprocherai de n'avoir pas analysé avec autant de rigueur les lois de *l'invention*. Il aurait pu, il semble, mettre plus en relief qu'il ne l'a fait (*Logique sociale*) la dépendance étroite de l'invention et de l'imitation. Il fait intervenir à tout moment le *génie* humain sans le définir suffisamment. La plupart des inventions dites géniales ne sont-elles pas des *imitations étendues* par des cerveaux très attentifs à des catégories de faits auxquelles les lois précédemment reconnues n'avaient pas été appliquées? Il n'y a presque jamais découverte spontanée mais combinaison nouvelle de données connues qui sont imitées, en passant d'un objet à un autre plus vaste. L'auteur des « Lois de l'imitation » devrait bien écrire un traité *méthodique* des lois de l'invention, en s'éclairant de l'ordre historique dans lequel les inventions se sont succédé dans les principales branches de l'activité humaine.

ne sont pas de mise en présence de la complexité même de la vie, aussi bien sociale qu'individuelle. Quoi qu'il en soit, les résultats déjà obtenus par une science qui, dans ses investigations méthodiques, ne compte pas soixante-dix ans d'âge, sont encourageants pour l'avenir[1].

III

Les religions ont exercé et exercent sur les âmes un immense empire : c'est une des premières constatations d'une sociologie impartiale et éclairée. On a vu des milliers d'hommes sacrifier pour leurs croyances, non seulement leur repos et leur bonheur, mais leur vie. On les a vus périr en masse sur les bûchers, aux croisades, dans les guerres religieuses ; les martyrs enfantaient les martyrs. Aujourd'hui encore la fo engendre d'extraordinaires dévouements : san parler des fanatiques exotiques, et pour s'en

1. Il faut tenir compte aussi de la division séculaire qui subsisté entre les études philosophiques proprement dites les études scientifiques : quelques-uns de nos *philosophes* abordant celles-ci et mis tout à coup en possession de ce tains de leurs résultats, éprouvent comme un éblouisseme d'enfants en face d'une lanterne magique. Ils sont extasiés leur imagination voit quelquefois plus qu'on ne leur montre

tenir au christianisme, que de missionnaires, de sœurs de charité, de croyants de tout genre, obéissant à une vocation impérieuse, recherchent les souffrances matérielles et morales, les dévouements douloureux, les privations, les sacrifices de tout genre, et semblent heureux de souffrir !

Les miracles produits par la foi religieuse sont si grands, l'élévation de l'homme au-dessus de lui-même par la croyance qui l'exhausse, est dans certains cas tellement saisissante, que l'esprit a peine à renoncer à l'existence de ce genre de mobiles parmi la généralité des générations futures. Par un instinct bien compréhensible, fait à la fois de regrets du passé et de doutes sur les ressources de la raison, beaucoup d'esprits indépendants hésitent à prononcer le divorce définitif entre les sociétés nouvelles et les croyances dogmatiques, comme s'il s'agissait d'enlever aux âmes l'esquif, même à demi détruit, qui les soutient encore sur les flots, et de les abandonner sans appui et sans pilote aux passions, aux appétits contradictoires et menaçants. Ils cherchent des transactions, des compromis. Les uns tâchent par de délicates distinctions, de concilier les affirmations *a priori* du dogme avec les méthodes qu'emploie la science pour acquérir la certitude, méthodes qui sont bien différentes des procédés de la révélation [1]. Les autres voudraient sacrifier certaines parties des religions qui sont trop inacceptables à la raison moderne et en garder quelques autres qui, après l'échec du déisme du xviii° siècle, constitueraient une sorte de théisme spiritualiste. L'avenir révélera si ces efforts peuvent aboutir à un résultat durable, si la raison humaine peut se scinder, accepter pour résoudre les problèmes qui se posent devant elle, des méthodes contradictoires par leur principe même. Où tracer la ligne de démarcation ? Les religions fondées sur la révélation ont été des merveilles de logique : une fois admis leur point de départ, tout se tient et s'enchaîne dahs leur appareil dressé par des siècles de dialectique : est-il possible d'ébranler une seule de leurs assises sans faire écrouler tout l'édifice ? La base même de la croyance, n'est-ce pas que la religion seule a droit de se fixer à elle-même des limites et de déterminer le domaine où la raison peut s'exercer sans péril [2] ? Si vous retournez le principe, et que

---

1. « On a concilié tant bien que mal avec la Bible les découvertes de Copernic et même celles de nos géologues modernes : qui sait si un jour quelqu'un ne sera pas assez habile pour y retrouver les hypothèses de Darwin et de Lamarck ? » écrivait Guyau en 1870 (*La morale anglaise*, p. 302.) Depuis, on le sait, le pas a été franchi.

2. « L'Église n'interdit pas aux sciences de se servir des principes et de la méthode qui leur sont propres chacune dans

ce soit la raison qui soit appelée à confiner la religion, vous renversez du même coup la foi : car c'est la raison à qui vous donnez le dernier mot, qui devient l'*ultima ratio*. Quelle est la réponse que l'avenir fera à ces troublantes questions ? Scepticisme s'appliquant à toutes les branches de la connaissance et par conséquent y autorisant la superstition universelle, ou bien refus absolu d'adhésion aux vérités dites surnaturelles, de tout ordre [1] — il semble difficile que l'esprit humain échappe à ce dilemme. Mais je veux me contenter actuellement de poser à l'état d'hypothèse la généralisation de ce dernier état de l'esprit humain, déjà si répandu parmi ceux qui pratiquent les méthodes et l'es-

sa sphère ; mais, en reconnaissant cette juste liberté, elle veille à ce que les sciences ne se mettent pas en opposition avec la divine doctrine en enseignant les erreurs contraires ; ou que sortant des limites qui leur sont propres, elles n'aient la prétention de pénétrer dans le domaine de la foi et n'y jettent la confusion. » CONCILIUM VATICANUM. Decretum *Dei Filius*.

1. En prenant, bien entendu, le mot *surnaturel* dans le sens de *contraire aux lois démontrées*, et non de échappant aux constatations *actuelles* de la science. « Tous les dogmes religieux contredits par la science démontrée sont destinés à tomber tôt ou tard. » Tarde, *L'opposition universelle*, p. 442. « Toute religion, écrit M. Faguet, est l'explication des choses par le surnaturel : toute science est exclusive du surnaturel dans ses recherches ; et toute philosophie scientifique, même élémentaire, a l'élimination du surnaturel à la fois pour point de départ et pour but. » *Politiques et moralistes*, p. 116.

prit scientifiques : l'acceptation exclusive des vérités dites rationnelles, — et je reviens à la question qui s'est déjà présentée à nous : Privée de croyances d'ordre surnaturel, la société pourrait-elle encore être *religieuse* de sentiment? Une conception purement rationnelle du monde et de la vie serait-elle capable d'inspirer aux hommes le dévouement, l'abnégation, le sacrifice de soi-même, en un mot les vertus *altruistes* que nous renfermons sous le nom de vertus sociales, engendrant les « devoirs sociaux », et qui sont indispensables au bien de la communauté ?

IV

Toute la question, à mon avis, réside dans la définition même du mot « *rationnel* ».

Prise dans un certain sens, la raison peut difficilement à elle seule pousser l'individu aux actes altruistes. Si la *raison*, par exemple, consiste à tirer du spectacle du monde la conclusion que le bonheur de l'individu et même sa conservation n'est assurée que par son triomphe sur d'autres existences, par « la lutte pour la vie », ce qui est la formule à laquelle semble, pour des esprits superficiels, aboutir, dans sa simplicité apparente et mal comprise, la loi d'évolution dite *darwiniste*, il est évident qu'il n'y a rien dans cette conclusion d'encourageant pour l'esprit de sacrifice et d'abnégation de l'homme vis-à-vis de ses semblables ou vis-à-vis de ses successeurs dans l'humanité[1]. Reste à savoir si la *raison* ne doit pas être envisagée sous un angle différent; si une vue plus profonde de l'essence même de l'humanité, de ses véritables conditions de bonheur, ne doit pas conduire l'esprit indépendant à une modification complète dans la définition de ce qui est « rationnel ».

Ce qui est rationnel est et ne peut être que ce qui est conforme à la nature réelle des choses : or, il n'est pas prouvé *à priori* que ce qui semble rationnel si l'on considère d'une façon superficielle les rapports de l'individu avec la collectivité, le soit également si l'on étudie d'une façon approfondie l'évolution des sociétés humaines. Celles-ci se sont fondées et développées en laissant une place incontestable aux procédés de la lutte dite darwinienne ; mais ne faut-il pas en attribuer une au moins aussi grande à des phéno-

1. Voir dans ce sens l'ouvrage très remarquable de M. B. Kidd, *L'Évolution sociale*, trad. française, et M. Tarde, *Études de psychologie sociale*, qui dit très justement « De la concurrence vitale mal comprise, on a déduit la nécessité universelle de la guerre et de la lutte en vue du plus grand bien de l'univers ; et quelle morale voulez-vous construire là-dessus ? »

mènes d'un tout autre ordre, et qu'on ne retrouve pas se produisant avec un égal caractère progressif (quoiqu'ils y existent à un haut degré [1]) dans l'évolution des êtres autres que l'homme ? Je veux parler des phénomènes de coordination entre les éléments sociaux. L'histoire est un vaste tableau de la coordination croissante réalisée entre les hommes, en vue soit de combattre les fléaux naturels, soit d'exploiter les ressources de la nature, ou bien encore en vue de s'opposer à des coordinations partielles de groupes humains hostiles, puis de s'unir à des coordinations plus vastes pour en combattre d'autres également plus étendues. Tout progrès de la civilisation est né de ces coordinations nécessitées par les besoins d'existence, par ceux de la guerre, puis par ceux de la simple concurrence industrielle ; facilitées et suggérées d'autre part par la sympathie des êtres humains que rapprochaient soit des liens de famille ou de race, soit le simple voisinage et la ressemblance des individus humains entre eux [2].

1. Voir l'ouvrage fondamental de M. Espinas : *Les sociétés animales*. Sur l'association chez les animaux et les ressources qu'ils en tirent pour résister à la destruction, voir entre autres Giddings, *Principes de sociologie*, p. 188 (tr. franç.).

2. Ce dernier point a été développé avec beaucoup de force et d'ingéniosité par M. Espinas (*Sociétés animales*). Il en

Tous les établissements humains ont été en quelque sorte fondés dans et par la coopération sociale : mais tous tendent également à un moment donné vers la décomposition de la coordination qui a fait leur force ; tous, par des voies diverses et même contraires, menacent de se terminer en anarchie. Ceux qui ont pour base la prédominance brutale d'un individu ou d'un groupe, compriment à l'excès les individualités composantes, surtendent l'esprit de subordination sans développer les organismes particuliers qui sont le support de la communauté et préparent la revanche des instincts particularistes : à la première défaillance du pouvoir central, qu'ils ont miné sourdement parce qu'ils le haïssaient, ceux-ci se manifestent subitement et éclatent en désorganisant l'ordre social. Toutes les révolutions politiques, y compris la nôtre, sont nées d'explosions de ce genre.

Les organisations sociales, appuyées non plus sur la force, mais sur la liberté et sur une sorte de contrat tacite entre les citoyens en vue de leur collaboration au bien de la chose publique, impliquant le bien relatif de ses membres, soulèvent des difficultés d'application pratique que

dérive d'abord l'amour des parents pour les descendants, puis la sympathie en général des semblables entre eux.

nous constatons chaque jour et qui font que certains bons esprits doutent encore qu'elles puissent, d'une façon générale et définitive, s'implanter dans le genre humain. La principale de ces difficultés est précisément le péril que court, au sein du libre conflit des intérêts particuliers, ce sens du dévouement aux intérêts collectifs (y compris ceux des générations futures), sans lequel une nation moderne aboutit à la décomposition et à l'impuissance, non seulement parce qu'elle est entourée d'autres nations qui ont pu rester plus unitaires et hiérarchisées et qui la menacent, mais aussi parce que, sans l'esprit d'abnégation sociale suffisamment développé, elle renferme en son sein des hostilités mortelles qui, se détruisant entre elles, détruiront la communauté qu'elles déchirent et empoisonnent.

Trouver la juste mesure, l'équilibre désirable entre ces deux mobiles, entre ces deux formes et comme entre ces deux pôles de l'existence humaine, la vie d'individualité et la vie de collectivité, est la tâche principale qui se dresse devant la *science sociale* contemporaine [1]; et

---

1. Cf. Spencer, *La morale évolutionniste*, tr. fr., p. 189 : « Le pur égoïsme et le pur altruisme sont l'un et l'autre illégitimes. Si la maxime : Vivre pour soi, est fausse, la maxime : Vivre pour les autres, l'est aussi. Par suite un compromis est seul possible. » — « Malgré les justes plaintes auxquelles peut

pour la remplir, elle ne se contente pas de solutions *a priori* : elle s'appuie essentiellement, pour formuler ses règles, sur l'observation et l'expérience. Elle connaît, pour les avoir constatés dans le passé, les dangers de l'exagération de l'une ou l'autre des deux tendances qu'elle a mission de concilier, et qui ont eu pour conséquences : l'ascétisme qui sacrifie l'individu à une vue mystique des rapports de l'homme et de l'univers ; le despotisme de un ou de plusieurs, qui substitue une hiérarchie purement artificielle et tyrannique à l'éparpillement d'un individualisme outré, et tue l'ensemble par l'affaiblissement des unités composantes ; l'incoordination qui résulte d'un libéralisme excessif, entendu dans le sens d'un développement anormal des instincts particularistes.

L'équilibre établi entre les deux tendances fondamentales de l'homme a toujours été défectueux et instable. Les religions du monde ancien ont en général sacrifié l'individualité. Le chris-

donner lieu l'ascendant exagéré des intérêts privés sur les intérêts publics, écrivait Auguste Comte (*Philosophie positive,* t. IV, p. 552), il demeure incontestable que la notion de l'intérêt général ne saurait avoir aucun sens intelligible sans celle de l'intérêt particulier, puisque la première ne peut évidemment résulter que de ce que la seconde offre de commun chez les divers individus. » — Cf. le précepte évangélique : « Aimez votre prochain *comme vous-même !* »

tianisme a péché à la fois par l'exagération qu'il a imprimée à la personnalité individuelle et par la façon dont il l'a comprimée. Il l'a exagérée en proposant pour but suprême et essentiel à l'homme, son salut personnel ; il l'a comprimée en englobant l'individu, pour atteindre ce but, dans des organisations hiérarchiques qui couvraient des desseins de domination purement terrestre sous des promesses de destinée heureuse d'outre-tombe. Il faisait, il est vrai, de celle-ci le prix de l'accomplissement de devoirs dont la plupart avaient un caractère éminemment social, — ce qui a été un immense bienfait. — Le christianisme a encore amoindri la personnalité en l'immolant en quelque sorte à elle-même par la croyance dans la sainteté du sacrifice même non justifié par un intérêt social saisissable. *Mourir à soi-même* à la fois pour mériter la vie éternelle et pour la gagner aux autres, a été longtemps et est encore pour un grand nombre de croyants l'idéal vraiment chrétien. Je suis loin de nier les vertus et les grandeurs de l'esprit de sacrifice inspiré de la foi religieuse ; mais beaucoup d'esprits ne peuvent plus accepter l'idée fondamentale sur laquelle il repose : celle d'un Dieu qui ferait payer ses bienfaits par une souffrance imméritée, en admettant au besoin des substitutions de personnes, et le rachat des péchés des uns par l'expiation des autres. Ils repoussent également l'amoindrissement que l'homme fait de son propre être vivant, en l'absorbant dans l'acquisition, par la souffrance recherchée et voulue, du salut éternel. C'est là la survivance d'une conception primitive des rapports de l'individu avec la divinité qu'il est devenu difficile de supporter. Il semble à la raison que le bonheur n'a pas besoin d'être *acheté*: qu'il doit être réalisé, dans la mesure relative où il est réalisable, par une action raisonnée de l'homme envers lui-même, et par une action également raisonnée de l'homme envers ses semblables, de qui, sous beaucoup de rapports essentiels, son bonheur dépend.

Cette action raisonnée est précisément celle que la science sociale actuelle cherche à déterminer, en s'éclairant de l'histoire et de l'observation directe.

En étudiant les modes réels de la *socialité*[1], elle se refuse à considérer l'homme comme un individu isolé de ses semblables, pouvant assurer sa félicité personnelle sans l'appuyer sur celle d'un nombre toujours croissant d'êtres humains:

1. Ce mot a déjà été employé par plusieurs sociologues (entre autres MM. de Graeffe, Tarde, Izoulet, Faguet, Fouillée). Il mériterait, croyons-nous, d'entrer dans l'usage général. Il est formé comme spécial, spécialité — natal, natalité, etc.

la famille, la tribu, la cité, l'état, le monde — et d'autre part elle s'interdit de faire comme certains sociologues qui, à un moment donné, sont devenus légion — de voir dans la réunion des hommes un organisme comparable à ces colonies animales dont on l'a plusieurs fois rapprochée, et encore moins semblable à un unique être vivant, avec ses cellules, ses canaux, ses tissus, où les individus joueraient le rôle de molécules liées entre elles par des relations imposées et comme fatales ; où l'existence individuelle serait, par la force même des choses, sacrifiée à celle de l'organisme total. Elle craint, en ces matières l'influence des métaphores, qui, prises d'abord comme un moyen d'éclairer le sujet, deviennent vite, dans l'imagination humaine, des entités comparables aux créations d'une sorte de mythologie métaphysique, et qui ont ensuite sur les réalités humaines une fâcheuse influence. Elle aperçoit par exemple qu'on pourrait tirer logiquement le plus détestable despotisme de l'assimilation de l'organisme social à un organisme animal supérieur avec un cerveau pour commander et des membres pour obéir : car dans l'organisme social, c'est une classe de citoyens qui serait chargée du rôle de cerveau, et qui garantira leur choix ? Une science sociale prudente tient compte à la fois de la liberté et de la volonté de l'homme qui le différencient profondément des molécules des corps physiques ou des infiniment petits d'une colonie animale ou végétale, et de son *interdépendance* vis-à-vis des autres êtres humains, qui le solidarise avec eux et crée les devoirs en même temps que les ressources de l'état social[1].

Elle tient pour également positifs les divers sentiments de l'âme humaine, quelle que soit leur source, hérédité, accoutumance, raisonnement ou sensation directe, et ne conclut pas de ce que certains phénomènes échappent à la balance, au scalpel, au microscope, au thermomètre, ou aux réactifs chimiques, que ces phénomènes n'existent pas. Elle tient pour légitimes certaines aspirations ou certaines habitudes de notre sensibilité morale autant que nos besoins physiques : elle met la psychologie sociale à la hauteur de la physiologie des organes, et y

---

1. Elle se refuse à poser la question, par exemple, dans les termes où la pose dans un ouvrage récent, (la *Philosophie sociale du* XVIIIe *siècle*), le distingué sociologue que nous avons déjà cité, M. Espinas : « Il faut choisir : ou c'est la société qui est première dans la série des biens... c'est elle qui est la valeur suprême... ou bien c'est l'individu qui est comme fin en soi, l'alpha et l'oméga de la politique et de la morale... » — Que serait la *société* sans les *individus* qui la composent ; et, d'autre part, comment concevoir l'individu hors de la société ? Il faut donc non pas choisir, mais combiner.

applique des procédés d'analyse et d'information analogues sinon identiques.

De cette façon s'est ébauchée sinon encore constituée, une science d'observation, d'un caractère particulier, mais qui n'en offre pas moins les attributs essentiels de la science et qui a pour but l'analyse et l'étude des phénomènes de la vie sociale, en distinguant tout d'abord, parce qu'elles offrent à l'observateur même superficiel des différences essentielles, la nature en général et la nature humaine, et refusant de conclure à priori des lois des corps bruts ou même de l'animalité à celles de la société formée et développée par les hommes.

V

Cette science en voie de formation est, en même temps qu'une science, un art s'appuyant sur les données de la science, et par là elle se rapproche des religions qui, en un sens, ont été des arts de conduite déduits des résultats de la science de leur temps. Par suite, elle n'offre pas seulement des aliments à la *curiosité* de l'homme, mais aussi à son *activité* : elle les fait passer du domaine du savoir dans celui de la réalisation.

Elle joue, vis-à-vis des devoirs et des rapports moraux des hommes, le rôle de l'hygiène en ce qui touche à leur existence et à leurs relations corporelles. De même que l'hygiène ne procède pas par des affirmations absolues et générales, s'appliquant à priori dans tous les cas, et rompant avec des prescriptions ou des habitudes séculaires, et cependant ose édicter des préceptes nouveaux quand l'expérience l'a suffisamment éclairée sur les dangers ou les bienfaits de telle ou telle mesure, — la science sociale elle aussi, timide à ses premiers pas, et s'aventurant prudemment sur le terrain des généralités ou des nouveautés, conclut cependant peu à peu à des règles de conduite individuelle et collective. Fidèle à la véritable méthode scientifique, elle procède pas à pas et va prudemment du connu à l'inconnu. De là pour les esprits superficiels un premier défaut et un premier reproche immérité. Le monde souffre: il est impatient. Au lieu de faciliter les progrès de l'analyse rationnelle, les passions exaspérées par la douleur, excitées parfois par les restes des vieilles croyances qui s'irritent contre leur propre ruine, les passions apportent chaque jour de nouveaux obstacles à la solution des problèmes. C'est sur lui-même que l'homme est obligé d'expérimenter et il se retourne sous son propre scalpel. Supposez un homme non endormi artificiellement qu'on opère : la douleur le fait rugir : plutôt que de laisser le fer s'enfoncer dans ses plaies (le fer qui doit mettre à nu la vraie cause de ses maux et par suite y porter le remède), il se révolte contre l'opérateur : la lutte est terrible, et l'œuvre chirurgicale est presque impossible. — Et si le malade était obligé de s'opérer lui-même, quel extraordinaire courage il lui faudrait ! Comme tous ses membres frémissent, comme chaque partie de son corps veut rejeter sur l'autre la douleur dont elle est la proie ! Il en est ainsi de la science sociale rationnelle. Le but du traitement est d'assurer la santé de l'être social collectif : mais le monde est son propre chirurgien... Il faut qu'il ait une vue bien nette de l'objet à atteindre et une réelle confiance dans ses propres forces pour se soumettre, même provisoirement, à la torture de l'expérience !

Les anciennes religions lui apportaient du ciel des remèdes tout préparés : le tout était de croire à leur efficacité. — Or celle-ci ne pouvait être contrôlée qu'après la mort, dans l'éternité : les dépositaires du dogme ne risquaient donc rien d'en affirmer l'infaillibilité ; on ne pouvait la contredire, ne pouvant en constater la réalité ou la chimère. L'incertitude des choses d'ici-bas faisait embrasser avec ferveur une quasi-certitude des choses d'après la mort, et cette quasi-certitude d'un avenir intangible rasséranait et rassurait le présent.

Il ne faut pas demander à la science, dans son état actuel, des satisfactions de cet ordre. Elle ne peut fournir des éclaircissements sur d'insolubles problèmes, ni nous leurrer de promesses qui soient d'accord avec nos désirs, qui flattent nos instincts d'éternité non seulement pour nous-mêmes, mais encore et surtout pour ceux que nous aimons. La science reste muette sur ce qu'elle ne peut atteindre par l'observation ou l'expérience. Elle pratique le respect des opinions humaines ancrées dans les cœurs par des siècles de croyance, de même qu'elle s'incline devant la morale traditionnelle dont elle observe et propage les préceptes, fondement séculaire de l'organisation sociale. A la rigueur, elle peut s'abstenir de la négation sur des probabilités invérifiables dans l'état de nos connaissances, et laisser l'imagination ou la foi se mouvoir en paix dans le domaine de l'infini: il ne lui est pas possible d'aller plus loin ni d'affirmer un avenir qui serait consolant pour nos âmes meurtries par le deuil, déchirées par la pensée des séparations éternelles, mais qui ne lui est fourni par aucun procédé scientifique. On lui en veut de son silence sur ces matières, et on le lui reproche durement sans apercevoir qu'il est la condition vitale de ses méthodes et la garantie de ses certitudes sur d'autres objets.

En dehors en effet de la région du mystère, interdite à ses moyens d'exploration actuels, il reste à la science l'univers et la terre, habitacle des hommes.

Là elle poursuit sa recherche en investigatrice patiente d'une matière complexe, éminemment fuyante ; toujours en voie de développement, elle engendre un art ouvert constamment aux perfectionnements et aux remaniements. Elle renonce à l'infaillibilité dogmatique : mais par des approches successives et progressives elle investit de près la certitude, autant qu'on peut espérer s'en emparer en matière sociale et humaine, par des moyens purement humains. En tout cas, elle offre un champ infini aux méditations, aux observations et aux aspirations des hommes de bonne volonté, et par là en sollicitant à la fois leur curiosité et leur activité, leur fournit une raison de vivre, et un moyen de vivre d'une vie noble, — si la noblesse pour l'homme consiste à s'arracher à ses jouissances égoïstes et terre à terre pour poursuivre un idéal où soit impliqué le bien de l'humanité.

Par là elle rend un premier et immense service aux âmes chez qui s'est affaiblie la croyance dogmatique et qui ont cependant besoin d'un *sursum corda*, d'une aspiration supérieure. Et ce service elle est prête à le fournir à tous les âges, à toutes les conditions, dans toutes les circonstances de la vie humaine. Étant essentiellement relative, elle offre à chacun et à chaque moment des devoirs à remplir et des satisfactions à goûter : devoirs catégoriques dans leurs racines bien que parfois controversables dans leur modalité, et par conséquent appelant, pour les fixer ou les délimiter, l'intervention de conseillers plus éclairés ou expérimentés, ce qui crée des liens de confiance et de sympathie soit entre les membres d'une même famille, soit entre les hommes en général. — Satisfactions relatives également, et qui n'ont pas la prétention d'atteindre en intensité et en perfection les béatitudes absolues promises par les religions, mais qui possèdent le mérite propre qu'elles se réalisent ici-bas au moins partiellement et qu'on en jouit en fait, ne fût-ce qu'incomplètement, au lieu de les savourer exclusivement par l'espérance et l'imagination.

Ce caractère même de satisfactions incomplètes, qui au premier abord pourrait rebuter les hommes habitués à l'idéal absolu des religions, sera de mieux en mieux accepté par eux, à mesure qu'ils seront plus familiarisés avec les conclusions de la philosophie générale, inspirée des méthodes des sciences d'observation, — de cette philosophie qui se tient à un éloignement égal de l'optimisme et du pessimisme à priori des anciens systèmes ontologiques ou théologiques, qui crée en nous un état de conscience prêt à accepter le monde, tel qu'il est, et non tel que nous sommes enclins à le désirer, tel que le promettent en général les religions. Celles-ci en effet prennent les aspirations de l'homme pour norme de leurs promesses : le philosophe accepte l'univers réel, c'est-à-dire fait à la fois de maux et de biens. Il n'en attend que des joies passagères et par suite imparfaites et relatives, mais il le sait par contre susceptible de perfectionnements et d'améliorations qui s'étendent d'une génération à l'autre et dont chacune, pour ceux qui y contribuent, est une source de contentement : et ce contentement est le plus pur et le moins mélangé de restrictions que puisse goûter l'homme.

Ou du moins l'homme éclairé et déjà affiné par une culture appropriée. Les satisfactions du devoir social accompli avec courage et dévouement, déterminé tout d'abord par une étude attentive des règles de la conduite et des objets auxquels elle s'appliquent — puis réalisé sans hésitation et moyennant les sacrifices nécessaires d'intérêt égoïste, — ces satisfactions ne sont pas évidemment à la portée du premier venu parmi les êtres humains qui n'y ont été préparés ni par le milieu, ni par l'éducation, ni par les conditions de la vie. A ce point de vue, les sanctions des religions étaient mieux calculées pour agir immédiatement sur les imaginations incultes, qu'elles prenaient par la terreur des châtiments ou la convoitise des récompenses éternelles : mais il ne s'agit pas de discuter l'efficacité des religions au point de vue moral : elle dépend du degré de croyance qu'on leur accorde. Le jour où la croyance s'est affaiblie ou a disparu, la puissance de la sanction s'est elle-même amoindrie ou détruite. Il suffit, pour affirmer qu'elle peut être, dans une certaine mesure, remplacée par une autre d'un caractère différent, il suffit qu'un certain nombre d'esprits et de cœurs formés aux méthodes scientifiques, habitués à la prudence et en quelque sorte à la lenteur calculée de ces méthodes, régis par le nouveau principe de vie qu'enferme la science sociale, aient déjà été améliorés par son influence, poussés aux bonnes actions et retenus des mauvaises par son efficacité. Leur exemple fournit la certitude que l'impulsion bienfaisante qu'ils ont subie et qui a été égale à celle des mobiles d'une autre nature, pourra s'étendre à d'autres catégories de cœurs et d'esprits, à mesure que ceux-ci seront plus éclairés et cultivés.

VI

Il dépend d'ailleurs de ceux qui possèdent ces sentiments et qui les sentent agir en eux à l'égal d'une foi, de les propager par l'exemple, par l'éducation, par tous les moyens qu'emploient les prosélytes de religions ou de doctrines morales. Au fond il s'agit pour eux non de créer, mais de développer des aspirations et des instincts qui existent profondément dans l'âme humaine, qui ont revêtu diverses formes religieuses, philosophiques, civiques, toutes au fond convergentes dans leurs visées et dans leurs résultats principaux, aspirations et instincts qui servent, depuis l'origine, de base à toute sociabilité, par suite à tout état policé, qui, même dans leurs déformations ou leurs corruptions, prouvent l'intensité de la tendance naturelle dont ils proviennent. Amour égoïste de la famille, fanatisme de classe ou de tribu, de secte ou d'église, chauvinisme de clocher, de commune ou de cité, esprit de corporation ou de parti, exagération du patriotisme et de la gloriole militaire, sont en somme des dérivations, perverties par leur exclusivisme ou leur outrance, de ce besoin de sociabilité qui fait que l'homme s'attache profondément au prochain, jouit de sa communauté de croyances, de sentiments, de péril ou de gloire, de tristesses ou de joies avec ses voisins d'existence ou d'épreuves. Ce sont là des modes de l'esprit *altruiste* aussi anciens que les débuts mêmes de la civilisation et qui ont seulement besoin d'être épurés, modérés, élargis ou excités pour devenir féconds en vertus vraiment sociales : et c'est précisément l'objet de l'éducation civique de les éclairer, de les corriger, d'en réprimer l'abus tout en en gardant l'essor et la chaleur.

L'abus peut être de deux sortes : il peut provenir d'une tendance exagérée au groupement particulariste, qui aboutit à une façon de tyrannie collective partielle, d'égoïsme à plusieurs, — ou d'un effacement excessif de l'individu dans la masse de la communauté. Dans un cas le groupe restreint, dans l'autre cas la collectivité tout entière opprime et comprime l'être isolé, et cela est un grand mal dans les deux éventualités. L'organisation féodale composée de tyrans multiples ne vaut pas mieux que l'omnipotence de l'État à racines populaires qui est à proprement parler le socialisme ou le collectivisme contemporain. Au lieu d'une coordination par l'association, qui développe les initiatives individuelles en les multipliant par leur collaboration librement et intelligemment réglée, le despotisme des groupes ou de l'État tue dans une sorte de servage qui est le prix de leur patronage, l'activité des citoyens. Il leur garantit un bien-être qu'il n'est pas en son pouvoir de réaliser, car la première condition nécessaire à le réaliser, à savoir l'abondance de la production par le travail et l'invention, il la supprime. Il promet de partager ce qui n'existe pas et n'existera pas, où n'existera qu'à un degré très inférieur à ce que produit la liberté, même avec ces défauts d'accord et ses déperditions de forces vives. On l'a dit avec justesse : l'union sociale ne vaut que si elle est formée d'individualités qui valent par elles-mêmes : sinon elle tombe dans l'impuissance collective et dans la stérilité qui se répand des membres sur l'organisme. Or, pour que l'individu vaille, il faut qu'il agisse et qu'il agisse de par sa propre initiative et sous sa propre responsabilité. Son éducation d'homme et de producteur ne se fait qu'à ce prix. Donc, à ce point de vue, mieux vaut la concurrence avec ses aiguillons et parfois ses injustices, qu'un système de garantie sociale plus ou moins artificiel, qui ne peut avoir d'efficacité matérielle que s'il s'appuie sur le despotisme, et qui par ce fait même tue ou paralyse les volontés individuelles.

Mais en dehors de l'abus, qui est à proprement

parler le socialisme sous ses différentes formes, la science sociale et l'art social ont devant eux un champ vaste, un champ qui peut suffire aux investigations les plus ardentes, aux activités les plus énergiques, aux dévouements les plus enflammés, qui leur offre des perspectives presque infinies de recherche et d'action, et cela dans les voies les plus diverses ; car le perfectionnement de la planète d'une part, et d'autre part l'amélioration ou le soulagement des hommes représentent à la fois des difficultés et des espérances incommensurables, supérieures à tous les efforts au point de vue de l'achèvement de la tâche, mais féconds, dans leur réalisation progressive, en satisfactions profondes ; débouchés inépuisables pour chaque tempérament, pour chaque état d'esprit, pour chaque profession qu'elle soit militante ou spéculative, abondants en emplois de volonté pour tous ceux qui sentent vaguement aujourd'hui dans le socialisme une sorte d'appel, mal défini mais réel, aux instincts philanthropiques de leur âme. Ils trouveront, en tous cas, là mieux qu'ailleurs, dans cette action coordonnée et en quelque sorte harmonisée de la vertu que l'apôtre appelait « la charité, supérieure à la foi et à l'espérance », une consolation aux épreuves de la vie, une compensation à la perte ou à l'affaiblissement des espérances religieuses éternelles, à la ruine de certaines illusions métaphysiques, une promesse de rémunération de leurs efforts, sinon pour eux-mêmes, du moins pour ceux, parents, enfants ou concitoyens d'humanité, qu'ils auront aimés et dont le bonheur relatif sera devenu pour eux un objectif aussi précieux à atteindre et à réaliser que leur propre félicité, ou qui plutôt sera vraiment pour eux la félicité. Pour ceux-là la science sera vraiment « une religion embryonnaire et supérieure, capable d'achever l'œuvre que le sentiment religieux poursuit depuis des siècles, et que les religions organisées ont laissée incomplète : l'unité sociale du genre humain [1]. »

---

1. G. Tarde, *L'opposition universelle*, p. 402. Littré écrivait de même : « La science générale, concevant le monde autrement que ne le concevaient les hommes sous le règne de religions successives, prend un office religieux ; et elle a, son tour, à mettre l'éducation et la vie morale en accord avec l'univers tel qu'il nous apparaît. » *Paroles de philosophie positive* (p. 20). « La vraie vie de l'individu, disait récemment M. Fouillée dans un article de la *Revue bleue* (18 fév. 1899), consiste à vivre de la vie universelle. C'est ce qui ferait la moralité de la science même, si elle était présentée par des maîtres croyant avoir charge d'âmes, sous son jour social, au lieu d'être un simple instrument pour des fins utilitaires ; de l'histoire, si celle-ci devenait une sorte de vie sympathique prolongée à travers le temps et l'espace ; la moralité de la littérature, si elle était comprise comme une pénétration de la société dans l'individu, comme une expression de l'âme collective par les génies les plus personnels. »

VII

Entre ceux qui poursuivent dans un même esprit cette unité sociale il existe des inégalités profondes de nature ou d'acquisition, et une bonne sociologie ne se paie pas d'illusions sur ce point. La philanthropie n'est nullement pour elle l'équivalent d'une proclamation utopique et anti-scientifique d'égalité ou de fraternité mal comprise entre les hommes, qui aboutirait à une sorte de socialisme démocratique mal défini. L'inégalité, la hiérarchie et par conséquent la prééminence réglée des uns sur les autres sont pour elle des faits existants aussi incontestables que la lumière du soleil[1]. De plus, l'inégalité est

1. « Il n'est pas possible qu'un grand nombre d'individus se partageant des fonctions diverses, remplissent tous des fonctions d'égale importance. A l'un ou à plusieurs d'entre eux devra échoir la fonction prépondérante, essentielle, dominante. Plus il la remplira, mieux il devra s'en acquitter ; et ainsi elle se retirera peu à peu des régions les plus éloignées de l'organisme social pour se fixer en un centre. C'est ainsi que, même sans que les autres individus ou groupes d'individus l'aient voulu délibérément, un individu ou un groupe d'individus central deviendra prépondérant et se subordonnera tous les autres. Dès lors il représentera à lui seul le corps tout entier, dont la vie sera comme résumée en lui. Les doctrines de tous seront attachées à la sienne, et en raison de la solidarité organique, il recevra l'écho de toutes les modifications

pour elle, dans les conditions actuelles du monde, la source principale des stimulants, des devoirs et des ressources sociales. Des stimulants : car sans le désir de s'élever, qui naît de la conscience qu'a chacun d'une différence de niveau à combler entre ses voisins d'humanité et lui, combien les mobiles de l'effort seraient atténués dans l'individu ! Des devoirs et des ressources sociales : l'inégalité engendre les uns et les autres. Tous les progrès du monde ont été réalisés d'abord par des esprits supérieurs au niveau moyen, qui ont déployé leur supériorité en servant directement ou indirectement au bien-être du reste de l'humanité[2]. Ils ont, dans l'histoire, souvent ac-

des parties, de même que les parties recevront le contre-coup de toutes les modifications ; de plus s'il réagit, il sera centre de mouvement, comme il est centre d'impression. C'est ici le plus haut degré du concours. Mais cette loi, comme les précédentes, loin de ne s'appliquer qu'aux corps sociaux composés d'organes continus, s'étend aux corps sociaux composés d'individus capables de représentation (c'est-à-dire doués de mémoire), et y trouve une confirmation nouvelle. » Espinas, *Sociétés animales,* p. 521.

2. « Jamais le gouvernement d'une démocratie ou d'une aristocratie nombreuse n'est parvenu à s'élever au-dessus de la médiocrité... excepté là où la foule souveraine s'est laissé guider (comme elle l'a toujours fait dans ses meilleurs temps) par les conseils et l'influence d'une minorité ou d'un homme plus hautement doué et plus instruit. L'initiation à toutes les choses sages et nobles vient et doit venir des individus, et tout d'abord généralement de quelque individu isolé. L'hon-

compli inconsciemment leur tâche, ou même en poursuivant des buts très différents du bien général : et cependant, même dans le passé, le dévouement conscient à une œuvre d'humanité a été fréquent : il a plus d'une fois entraîné le martyre de ceux qui y sacrifiaient leur personnalité et leur vie. La terre a toujours porté des moissons fécondes de héros et de victimes volontaires de l'abnégation sociale, et qui n'ont eu pour compensation que le contentement de leur conscience et la gloire, le plus souvent posthume. Il est consolant de voir que celle-ci s'attache de plus en plus de nos jours aux véritables bienfaiteurs de l'humanité, et cela de leur vivant. C'est un attrait nouveau donné aux bonnes œuvres sociales, de science ou d'action, attrait qui ne suffirait pas à les engendrer sans le sentiment du devoir social profondément développé dans les âmes, mais qui y encourage celles-ci. Un bon régime sociologique accroîtrait sans cesse cet ordre de sanctions, en poussant l'opinion à l'admiration et à la reconnaissance vis-à-vis de ceux qui se sacrifient au bien général, en accordant les honneurs publics à ceux qui se

leur et la gloire de la moyenne des hommes est de pouvoir suivre cette initiative, d'avoir le sens de ce qui est sage et noble, et d'y être conduit les yeux ouverts. S. Mill, *La Liberté*, p. 212, trad. franç.

distinguent dans cette voie par leurs efforts et leur dévouement, en faisant une large part dans l'éducation aux exemples de vertus civiques pratiquées dans les différentes catégories sociales[1]. Au-dessus des spectacles décourageants de l'époque actuelle, qui a tant de fois glorifié et couronné ce qu'elle aurait dû mépriser, plane l'exemple de quelques grands génies bienfaisants, ou de modestes serviteurs du bien public, auxquels ont été les louanges ou l'estime universelle en récompense de leur vie de désintéressement, de labeur, d'inventions ou de sacrifices en faveur du progrès collectif. L'admiration ou la gloire qu'on leur a publiquement accordées ont été comme la proclamation, par la communauté, des bienfaits de la supériorité de génie ou de caractère, en quelque sorte canonisée par le cri universel lorsqu'elle s'est vouée au bien universel ; elles ont consacré le principe de cette hiérarchie intellectuelle qui tend de jour en jour, pour le bien même de l'humanité, à se substituer à celles qui s'appuyaient sur la force

---

1. « Il faut qu'une action louable soit louée », disait M. Claretie dans un discours sur les « prix de vertu ». La fondation même de M. de Monthyon et le relief que l'Académie française donne à sa célébration annuelle sont des indices curieux des modifications qui se sont imposées dans l'appréciation des sanctions positives dues aux « bonnes actions

sur le privilège de la naissance ou sur la superstition, — hiérarchie ouverte à sa base, qui peu à peu doit accepter et englober tous ceux qui ont de la noblesse au cœur, et les faire monter par degrés de la simple bonne volonté d'être utiles à leurs semblables, à la véritable intelligence des vertus sociales. « L'impulsion, a-t-on dit justement, doit venir de la conscience ou du cœur : mais la règle et la mesure viendront de la science[1] ». Celle-ci légitime, en la corrigeant, l'inégalité créée par la nature : elle la montre profitable à l'ensemble civique, à condition que la supériorité s'accompagne de dévouement et se traduise en dévouement. Par une juste analyse des circonstances sociales, elle fait du dévouement à la fois le devoir essentiel et la principale source de joie de chacun des co-participants de la société humaine. Par là elle prend du socialisme ce qu'il semble, au premier aspect, avoir de bon au point de vue du développement dans les cœurs des sentiments de collectivité et de sympathie : et elle se tient en garde contre les utopies ou les erreurs de fait de doctrines chimériques ou incohérentes, dangereuses pour l'objet même qu'elles sont censées poursuivre et qu'elles compromettraient à tout jamais : le mieux social.

1. Espinas, *op. cit.*, p. 180.

VII

L'IDÉE DE L'ÉTAT

A PROPOS D'UN LIVRE RÉCENT[1].

I

« Quelques grands esprits du xviii° siècle se sont formé une notion que l'on peut appeler nouvelle, de l'individu et de ses droits, de l'État et de son rôle, ainsi que des fins de la vie sociale et politique : c'est la notion individualiste... La doctrine aujourd'hui professée sous ce nom ne présente qu'une analogie lointaine avec la haute doctrine du xviii° siècle... » C'est par là que M. Henry Michel, auteur d'une remarquable

1. Henry Michel, « *L'Idée de l'État,* Essai critique sur l'histoire des théories sociales et politiques en France depuis la Révolution. »

L'étude reproduite ici a paru dans la *Revue historique* (mars 1896).

thèse de doctorat qui est devenue un gros volume, explique la réaction, presque triomphante actuellement, des doctrines hostiles à l'individu. On a méconnu, dit-il, les vrais principes des philosophes inspirateurs de la Révolution : alors qu'il fallait les compléter par un surcroît de précision apporté à leur point de départ, on a dévié de leur formule génératrice ; on a encouragé, par le désordre même et les excès des systèmes individualistes, l'évolution des différents systèmes d'autoritarisme. — Pour enlever à ceux-ci leur crédit contemporain qui fait facilement accepter par tant d'esprits distingués la théorie de « l'organisme social » où l'individu se trouve impliqué et absorbé, il faut reprendre l'*a priori* des philosophes du xviii° siècle. Il manque à ceux-ci une base résistante. Sur le principe auquel ils appuient leurs thèses, sur les relations de ces thèses avec la philosophie première, ils tournent court ou sont muets. A un penseur contemporain, M. Renouvier (auquel M. H. Michel rattache toute sa doctrine), il était réservé de compléter la démonstration que les individualistes du xviii° siècle avaient laissée inachevée et comme en suspens. »

Telle est la pensée maîtresse de l'œuvre de M. Henry Michel, celle qui est développée et, comme disent les Anglais, *illustrée*, dans les 658 pages de son volume, avec une clarté remarquable, avec un art parfait d'ordonnance et d'aménagement des arguments, avec une connaissance historique approfondie de la matière. Thèse philosophique, on le voit, au premier degré, vérifiée par un examen historique, et où M. Michel a apporté toutes les qualités qu'on peut appeler *normaliennes*, avec quelques-uns des défauts qui y correspondent, notamment une certaine propension à créer et à multiplier dans un sujet des catégories un peu artificielles qui donnent à l'esprit plus de satisfaction apparente qu'elles ne jettent de lumière véritable dans la discussion des problèmes.

L'œuvre du xviii° siècle reprise dans son principe générateur, c'est là le point de départ de l'auteur. — On est tout d'abord surpris qu'il n'ait pas cherché à relier ce mouvement du xviii° siècle à ses racines et à ses antécédents. Il le considère comme une réaction décidée contre l'État-Providence du xvii° siècle, et il ne s'occupe pas de ses origines soit dans la philosophie antique soit dans le mouvement de la Réforme, surtout anglaise. Il dit un mot, en passant, du courant libéral américain, dérivé des puritains, mais sans y insister. L'individualisme, pour lui, semble poindre tout à coup avec Montesquieu, avec Voltaire, avec l'Encyclopédie : puis il aperçoit la formule d'émancipation se précisant, s'affirmant et prenant son caractère vraiment novateur (méconnu depuis) dans Rousseau. Jusqu'à celui-ci il y a eu des partisans d'un État paternel plus ou moins éclairé, plus ou moins libéral ; mais la notion de la souveraineté n'a pas été ébranlée. Rousseau la transporte avec ses attributs d'inaliénabilité, d'imprescriptibilité, d'indivisibilité, de l'État personne ou oligarchie à la « personne publique, » qui est formée par l'union des « personnes particulières », du jour où, renonçant à l'état de nature devenu intolérable, les hommes ont conclu entre eux le contrat social. De cette simple translation M. Henry Michel tire, en y ajoutant les clartés d'un esprit rompu à la dialectique, toutes les conséquences indiquées ou impliquées dans les raisonnements confus du *Contrat social*. Il reprend pour son compte la thèse chère à Rousseau et source de tant de malentendus, de l'aliénation volontaire par chacun de ses droits à la communauté, aliénation qui laisse chacun aussi libre qu'auparavant : « Du moment que l'État *c'est tout le monde*, les sacrifices que je consens à l'État, les obligations que je me reconnais envers lui sont à un certain point de vue des obligations de moi-même à moi-même, si bien qu'au moment où je parais le plus asservi à l'État, je suis encore en un sens indépendant... »

M. Michel reconnaît cependant que Rousseau « manque à bien marquer, tout en reconnaissant qu'elles existent et doivent exister, les bornes du pouvoir souverain... Le citoyen paraît devoir être livré chez lui à l'omnipotence de l'État, et c'est peu de dire qu'il *paraît* l'être dans un système où la vie elle-même est traitée de don conditionnel de l'État. » — « Mais, reprend encore une fois l'auteur, il ne faut pas oublier qu'étant moi-même l'État pour la part qui me revient, ma sujétion, si on la compare à celle du sujet envers le monarque sous un régime despotique, est encore indépendance. »

L'auteur est bien obligé de reconnaître que grâce à cette fusion mal définie entre l'État et ses membres, le socialisme a quelques-unes de ses racines dans Rousseau ; mais il pense que l'individualisme lui doit encore plus, puisqu'il propagé l'idée de l'égalité dans la commune souveraineté, et par là jeté les bases de la philosophie du droit. Et cependant ces bases, telles qu'elles sont posées par Rousseau, sont bien fragiles, puisque nulle part, — il faut y insister, — de l'aveu même de son commentateur, il n'a établi les limites des droits de la collectivité, ou plutôt, que, là où il a précisé, il a constamment subordonné l'individu à l'État[1]. M. Michel se contente trop aisément d'un vague principe de justice dans l'État, réclamé par Rousseau. En pareille matière, les mots sont peu de chose. Les faiseurs de systèmes se servent des mêmes vocables avec des visées différentes, ou des résultats différents. Quel régime social, individualiste ou à tendances socialistes, n'a prétendu réaliser ou du moins accroître la justice parmi les hommes ?

II

M. Henry Michel l'admet, mais il pense aussi qu'en demandant à chaque système quel est son *a priori*, on peut lui démontrer qu'il est ou qu'il n'est pas en possession des moyens propres à atteindre le véritable objectif social. De ce point de vue spécialement philosophique, il passe en revue dans un examen d'ailleurs très complet, très documenté, et qui au fond fait le principal intérêt de son livre, les doctrines qui, depuis Rousseau, ont cherché à élucider les questions d'organisation sociale. De toutes, il prétend

1. Nous avons nous-même analysé les idées de J.-J. Rousseau dans « *Souveraineté du peuple et Gouvernement* », 1 vol., Alcan, éd. 1805.

établir, par une analyse serrée de leur point de départ et de leur enchaînement logique, qu'elles ont embrassé une partie plus ou moins grande de la vérité, mais que, faute d'une base suffisamment résistante, le terrain leur a manqué à un moment donné ; de telle sorte que la mêlée des systèmes à tendances divergentes depuis un siècle aurait été une sorte de vaste malentendu, de combat dans l'obscurité, dans lequel chacun possédait quelques étincelles de la grande clarté définitive, mais seulement des étincelles passagères et insuffisantes à faire la lumière. Ces étincelles, l'auteur cherche avec un grand désir d'impartialité à les discerner au milieu de la poussière de la lutte et à en faire honneur à chaque doctrine. Est-il toujours tout à fait équitable dans cette distribution de blâmes ou d'approbations ? Nous ne voudrions pas le garantir. Nous l'avons déjà vu trop prévenu en faveur de Rousseau. Il est, à mes yeux, trop élogieux pour quelques-uns de ses continuateurs, comme Condorcet qui a semé à profusion des idées fausses en matière d'agencement gouvernemental, comme en général pour tous ceux qui sont passés de l'idée d'association à celle d'État, en les identifiant et en concluant des avantages de l'une aux bienfaits de l'autre, sous prétexte que « l'État n'est qu'une vaste association qui, au lieu d'englober quelques citoyens, les englobe tous. » Cette identification, que nous ne craindrons pas d'appeler un sophisme, ne choque pas suffisamment M. Michel. « Pourquoi ne pas admettre, écrit-il, que l'État, cette association *réputée volontaire* elle aussi, puisse faire ce que faisaient à juste titre et à bon droit des associations partielles ? » L'auteur, on le voit, ne sort pas des prémisses du *Contrat social.* Il les a toujours en vue dans son examen détaillé et si remarquable des doctrines du siècle, à travers les autoritaires comme de Maistre, de Bonald, Ballanche, Hegel ; les premiers socialistes français, dont il a consciencieusement lu les œuvres avant de les juger, ce qui n'est pas le cas de tous leurs critiques ; les économistes orthodoxes comme Dunoyer ; les réactionnaires comme Sismondi et Villeneuve-Bargemont ; les libéraux de l'école de Benjamin Constant ; les doctrinaires de 1830 ; les écrivains d'avant 1848 à tendances démocratiques, Tocqueville, Lamartine ; les irréguliers, comme Fourier et Proudhon ; les communistes de 1848 ; les positivistes, disciples de Comte ; puis la mêlée confuse qui date d'il y a quarante ans et où tous les courants se dessinent à nouveau, souvent dans de singuliers amalgames, avec le collectivisme de K. Marx, l'individualisme de Spencer, le traditionnalisme mitigé de libéralisme et souvent contradictoire de Le Play, et les systèmes mixtes de tant d'autres de nos contemporains, tantôt inclinant avec Renan vers une sorte d'oligarchisme scientifique, tantôt poussant avec une portion de l'école libérale à la décentralisation et à l'émancipation de l'individu par la libre association, — tantôt, au contraire, avec certains sociologues, penchant vers un étatisme étroit. Ces systèmes sociaux, M. H. Michel ne les juge pas par les applications pratiques qui devraient en découler, ni par leurs relations avec telle ou telle situation politique ou économique dont généralement ils sont nés à titre, soit de conséquence directe, soit de réaction. Il cherche les liens de chaque doctrine sociale avec le système philosophique auquel elle se rattache et, d'après la solidité ou la fragilité de ce système, il établit la solidité ou la fragilité relative (car tous, pour M. Michel, pèchent en quelqu'une de leurs parties qu'il excelle à mettre en relief) du système d'organisation sociale qu'il a engendré : son livre, dit-il, n'est pas écrit « pour ceux qui nient que la pensée abstraite ait rien à voir avec le mouvement des sociétés humaines et les vicissitudes des institutions qu'elles adoptent. » Aussi, conséquent avec lui-même, est-ce par l'analyse d'une conception de philosophie abstraite qu'il termine et conclut son livre. Cette conclusion, pourquoi le dissimuler, n'est pas pour le lecteur, ou du moins n'a pas été pour nous sans quelque déception.

III

On attendait, non sans émotion, de l'auteur qui a tant reproché aux autres de ne pas s'appuyer sur « un principe », la révélation d'une vue féconde, organique, essentielle, servant de ligne de partage entre les différents courants sociaux auxquels nous sommes livrés, permettant une démarcation absolue entre les bons et les mauvais parmi ces courants. Cette vue définitive, source de lumière et de vérité, M. H. Michel a plusieurs fois laissé entendre, dans le cours de son livre, qu'elle lui avait été transmise par l'enseignement et les écrits de M. Renouvier, inspirés eux-mêmes de Kant ; et son propre ouvrage aboutit en effet à l'exposé sommaire des idées du chef du néo-criticisme, comme étant « celles propres à terminer une crise née en grande partie de l'indécision même des intelligences, de leur inaptitude ou de leur répugnance à suivre dans la série de nos connaissances un principe une fois posé et à obtenir par le moyen de ce principe, la consistance logique de nos pensées. »

Les idées de M. Renouvier sont-elles trop riches ou trop profondes pour être analysées et résumées en quelques pages? Ou M. Henry Michel, imbu de ces idées jusqu'au fond de son intelligence, a-t-il involontairement cru que, même sous une forme succincte, elles éclateraient en quelque sorte aux yeux de ses lecteurs, et n'en a-t-il pas suffisamment éclairé toutes les parties ? Toujours est-il qu'après avoir lu attentivement et à plusieurs reprises le chapitre-conclusion de l'auteur, nous nous sentons encore plein d'obscurité sur le principe premier de la justice sociale. « Les thèses essentielles de Kant et de Rousseau, écrit M. H. Michel, reparaissent chez M. Renouvier, mais sous une forme plus savante et purgées de leurs imperfections primitives... L'idée de « l'homme en soi » ou de l'homme philosophique, devient l'idée de « l'agent moral » n'ayant d'abord qu'un devoir, le devoir envers soi, auquel s'ajoutent des droits quand les éléments que l'analyse a commencé par écarter (société, humanité) se trouvent restitués en leur place. L'idée du droit naturel devient celle du droit rationnel. Pour cela, il faut remonter à un premier postulat : la liberté. Celle-ci se rattache à l'existence de la conscience individuelle non déterminée par une causalité indéfinie dans ses chaînons. M. Renouvier croit pouvoir établir que « la conscience ne dépend de rien que par le moyen d'elle-même, ni rigoureusement d'elle-même sur ce qu'elle était à chaque moment qui précède le moment actuel, mais sur ce qu'elle se fait être à ce dernier moment. » A la liberté « *indémontrable*, au sens propre du mot *démontrer*, » se rattache tout le système social et moral. « L'idée sociale veut que chaque homme soit une fin pour lui-même et possède les moyens de cette fin par l'aide d'autrui, s'il en est besoin et s'il est possible. » Celui-là ne serait pas un bon associé qui ne donnerait pas à ses associés tout ce qu'il a de moyens *disponibles*. Ainsi s'établit le principe de solidarité qui, joint à celui de l'individualisme, constituera le double fondement du régime social : celui-ci aura pour but de favoriser l'accroissement des personnes morales en pleine possession de tous leurs moyens d'actions, étant entendu par moyens d'action ceux qui permettent aux personnes morales de s'élever...

Est-ce bien là une véritable source de certitude qui mette l'esprit à l'abri des troubles et des hésitations lorsqu'il envisage la direction à imprimer à l'organisation de la cité ? Nous ne parlons même pas des *moyens*, essentiellement contingents et expérimentaux, de l'aveu très net de M. Henry Michel. Mais les *fins* elles-mêmes, résultat d'ailleurs d'un simple postulat, ont-elles cette précision qui suffit à établir un système social sur une base inébranlable et rend tous les autres précaires ? Est-ce qu'elles ne remettent pas en discussion ce qu'elles devraient précisément trancher, c'est-à-dire ce qui, dans la fin de l'individu, est purement individuel et ce qui le rattache, — en l'en faisant dépendre étroitement, — à l'espèce, aux proches, à la famille, à la collectivité ? Comment l'individu contribuera-t-il à « s'élever » lui-même et à « élever » les autres personnes morales ? Est-ce en s'élevant d'abord le plus haut possible par une culture perfectionnée, et en servant ensuite d'exemple, à titre d'échantillon d'une nature humaine pourvue de facultés poussées à leur degré maximum de puissance, sachant plus, pouvant plus que les natures moins favorisées et les élevant ensuite par sa supériorité même ? Est-ce au contraire en sacrifiant son propre développement à celui des autres ? Quelle est la somme des *moyens disponibles* de chacun au profit d'autrui ? — Si elle ne peut répondre à ces questions, combien cette formule du néo-individualisme, qui devrait remplacer celles qui l'ont précédée, renferme d'indéterminé ! Elle s'appuie sur un postulat et n'aboutit pas à une claire définition ni à une classification des devoirs. Elle enregistre des tendances légitimes dans leur point dedépart et dans leurs visées, et qui par là même doivent vraisemblablement co-exister ; mais elle ne résout pas leurs contradictions lorsqu'elles se heurtent : et c'est là ce qu'on voudrait d'elle. Elle nous laisse en présence des conditions logiques de la vie, entre lesquelles toute société, comme toute créature raisonnante, doit sans cesse choisir en sacrifiant plus à l'une ou à l'autre suivant les circonstances, suivant le degré de civilisation ambiante, suivant les leçons de l'expérience, et sans avoir le droit d'écraser complètement l'une par l'autre. Pour mesurer et déterminer les sacrifices réciproques, il semble bien que jusqu'ici le meilleur guide soit, sur le terrain pratique, l'enseignement des faits, en y comprenant, bien entendu, l'étude approfondie et impartiale de l'histoire, si favorable dans son ensemble à l'efficacité de l'effort et de l'initiative individuelle. Dans le domaine des sentiments, il apparaît que l'accord existe entre l'instinct de sociabilité, les traditions religieuses, les nécessités du nationalisme, le progrès des notions scientifiques acquises sur les organismes et les développements croissants de la division du travail et des fonctions, pour pousser les sociétés d'avenir, d'un individualisme exagéré, s'il existait, vers la solidarité. Est-il possible d'aller plus loin et de passer d'une formule métaphysique à un système social ? Le livre de M. Henry Michel ne nous en a pas convaincu. Malgré la conscience de la recherche et le talent qu'il déploie dans la définition et la mise en œuvre des éléments de discussion, discussion dans laquelle il a clairement montré les hésitations ou les contradictions de tant de bons esprits à côté des affirmations erronées de plusieurs esprits faux, l'auteur de cet ouvrage considérable laisse ouverte la question fondamentale : combien de « solidarité » doit-il entrer dans le vrai individualisme qui ne saurait s'en passer, qui ne reçoit tout son développement que par elle, — sans tomber dans le « socialisme, » qui, à proprement parler et pour garder aux mots leur véritable signification consacrée par un usage déjà long, exclut l'action libre de l'individu en le comprimant sous la collectivité ?

VIII

ESTHÉTIQUE SOCIALE [1]

> Le but des peintres hollandais est
> d'imiter ce qui est, de faire aimer
> ce qu'on imite.
>
> (FROMENTIN : *Les Maîtres d'autrefois*).

En appelant Ruskin un esthéticien conducteur
de peuples, M. de la Sizeranne a bien marqué à
la fois les visées et le caractère du fondateur de
la « Religion de la Beauté. » C'est un esthéticien
que le souci de la sociologie poursuit. Dans son
culte ardent de l'art, il songe toujours aux répercussions que l'art peut avoir sur le bonheur
des hommes, et notamment des hommes les
plus nombreux, c'est-à-dire les plus dépourvus
de richesse matérielle. L'admiration dans l'amour
lui apparaît une source inépuisable, et plus à

---

1. A propos des ouvrages de MM. Robert de la Sizeranne :
Ruskin et la religion de la beauté.
Léon Tolstoï : *Qu'est-ce que l'art ?*
Guyau : *L'art au point de vue sociologique.*

13.

la portée de la main que d'autres, de félicité humaine. On pourrait dire que sur la religion du beau il fonde toute une économie sociale nouvelle. Je n'oserais prétendre qu'il ait tort et que sous certaines de ses idées un peu artificielles ou un peu précieuses dans le détail, ne se cachent de très réelles vérités.

I

Ou plutôt ces vérités reposent sur un postulat qu'il faut bien signaler et qui n'a peut-être pas encore été suffisamment confirmé par l'expérience, à savoir : que le sentiment ésthétique, « celui qui nous fait vibrer aux heures les plus exquises de notre vie, aux seules heures dignes d'être vécues » peut être développé, hors de certaines conditions d'instinct inné, ou de certaines façons de vivre qui ne sont pas et ne peuvent pas être le lot de l'universalité ni même de la majorité des hommes. Je sais bien que Ruskin déplace un peu le problème en en changeant les données habituelles. Le sentiment esthétique, pour lui, s'applique aux objets de la création les plus humbles, à ceux que tout vivant rencontre cent fois chaque jour sur son chemin, aussi bien qu'aux œuvres de l'art proprement dit le plus

raffiné ou le plus compliqué. Il s'extasie également sur un brin d'herbe mouillé par la rosée
et sur un bijou qu'aurait ciselé Benvenuto Cel-
lini, et il prétend qu'un œil vraiment artiste doit
jouir autant de l'un que de l'autre. Son œuvre
tout entière est comme une révélation et un
chant de gloire de la beauté des choses vulgaires,
pourvu qu'on les laisse telles que la nature les
fait, — « les monts, les ailes, les eaux et les
fleurs » — « Qui se douterait, à lire les philosophes, que le monde dont ils parlent en termes si
abstrus, si gris, si froids, soit ce frémissement de
feuillages, ce ruissellement de clartés, cette pal-
pitation de chairs qui en font tout le prix ? [1] »

Le tout c'est de les y voir — c'est d'apercevoir
dans l'univers matériel, ne fût-ce qu'une partie
des choses merveilleuses qu'y constate l'œil du
peintre ou du poète, et d'être en état de jouir de
leur esthétique. C'est une question assez complexe, quoi qu'en disent ou en pensent Ruskin
et son interprète : ou plutôt eux-mêmes indi-
quent bien quelques-unes des difficultés de la
question, mais ils glissent souvent sur elles sans
les résoudre.

Voici une première de ces difficultés : « Les
choses n'attirent point également l'attention, ni

1. *M. de la Sizeranne d'après Ruskin,* p. 181.

ne font également le bonheur de tous les êtres... Comment se fait-il que devant les mêmes montagnes bleues dressées au bout de l'horizon comme des vagues immobilisées par la baguette d'un enchanteur, un homme s'émeuve et s'arrête, et qu'un autre continue, indifférent, son chemin?... Tout ce qui a des yeux ne verrait-il pas de même? » C'est là une interrogation qui s'impose. Il y en a d'autres : « Pourquoi, chez le même homme, les impressions radieuses et désintéressées sont-elles d'autant plus vives et plus profondes que son cœur est plus libre des passions basses et des mesquines envies?... Explique-t-on la part que prennent à notre vie les formes et les couleurs? » Autrement dit, et plus prosaïquement, les dispositions morales, résultat elles-mêmes en partie des dispositions physiques, n'influent-elles pas d'une façon prédominante sur notre « sentiment esthétique? » — « La seule philosophie complète serait celle qui ne fixerait pas seulement les lois de la création, mais aussi et surtout les joies de la création, » et qui déterminerait les rapports de ces joies avec notre propre sensibilité. En attendant que cette philosophie existe, on risquerait bien de tourner dans un cercle vicieux, si l'on voulait être trop rigoureux sur les définitions.

II

Ce n'est pas là une tendance qu'on puisse reprocher à Ruskin ni à son commentateur : et de fait ils nous rendent service en brisant le cercle de logique où on pourrait facilement les enfermer et en acceptant comme certitude, pour point de départ, que tous les hommes sont susceptibles d'une certaine satisfaction esthétique et que la pratique et l'exercice peuvent en augmenter chez eux l'étendue et l'intensité.

Pour Ruskin, ce qui distingue l'homme de l'animal, c'est que l'un se sert de la nature et que l'autre admire la nature. « Devant la beauté, l'homme seul tremble, s'émeut... la faculté qui perçoit le Beau n'est donc pas la sensibilité brute. Quelque chose d'autre s'y mêle qui la sauve de ce qu'elle a d'animal et qui prolonge ce qu'elle a d'éphémère... Comme ces plaisirs n'ont pas de fonctions à remplir, il n'y a pas de limites à leur durée dans l'accomplissement de leur fin, car ils existent en eux-mêmes et ainsi peuvent être perpétuels avec chacun de nous, la répétition ne détruisant nullement leur charme, mais l'augmentant au contraire... Parce qu'elle ne relève pas de la raison raisonnante, n'allons pas nier cette faculté et surtout n'allons pas la dédaigner : car nous dédaignerions le plus beau de tous les dons que nous firent les bonnes fées qui se penchèrent sur le berceau de l'humanité ! Cette faculté esthétique, c'est la faculté humaine par excellence !... Si l'on vous dit : voici une plante fine et svelte... On a vu un être ramper vers elle, l'arracher et la dévorer. Quel est cet être ? Dites : je ne sais, c'est un acte impulsif. — Mais on l'a vu arracher cette plante et l'enfouir près de là pour la retrouver. Quel est cet être ? Je ne sais. Il y a beaucoup d'animaux qui enfouissent leur butin ou leur nourriture. C'est un acte sur les confins de la raison. — Mais on l'a vu demeurer devant cette plante, longtemps, à l'admirer. Quel est cet être ? — Je le sais. C'était un homme. »

Mais combien y en a-t-il parmi les hommes qui passent à côté de la plante sans la voir [1], ou qui l'arrachent sans l'admirer, ou qui ne comprennent pas pourquoi ni comment certains l'admirent ? C'est ici que dans la thèse ruskinienne interviennent l'art et l'artiste.

« L'artiste remplit une des plus grandes tâches de l'humanité. Il se tient entre la nature et nous.

---

1. « Que de couchers de soleil contemplés par des yeux indifférents qui ne les voient pas » ! écrivait récemment M. G. Séailles.

Il en est le déchiffreur, le chanteur et le mémorialiste. Il a pour mission de nous arrêter et de nous dire : regarde ce caillou et ses veines, regarde ce brin d'herbe qui te fait des signes, regarde ce monde, regarde ce ciel, »

S'il ne faisait que nous dire de regarder, il nous rendrait service, mais un service insuffisant. Il nous en rend un autre qu'il importe d'analyser de plus près.

Quittant un moment Ruskin et son commentateur, jetons un coup d'œil sur l'évolution contemporaine des arts du dessin.

Le mouvement général nous en est souvent caché sous les exagérations et les prétentions, sous la brutalité et les fautes de goût de certains artistes, sous le besoin de réclame qui là comme ailleurs pervertit les volontés et sème l'incohérence dans l'effort vers le nouveau. Il n'en reste pas moins manifeste que de nos jours les arts de dessin tendent à se rapprocher de plus en plus de la nature qu'ils cherchent à interpréter fidèlement en négligeant les arrangements ou les conventions de jadis. Regardons dans un musée d'art contemporain, comme le Luxembourg, les toiles ou même les statues en les rangeant par la pensée dans un ordre chronologique : Nous verrons les artistes qui s'occupaient surtout il y a cinquante ans de sujets religieux et mythologiques, ou de compositions historiques, ou de sujets dits « de genre, » en venir peu à peu aux simples reproductions de la nature ou de l'homme tels qu'ils sont, tels qu'ils les voient dans la réalité. Le souci d'être un interprète fidèle de la réalité choisie dans quelqu'une de ses représentations, semble l'emporter sur les autres préoccupations de l'artiste. Le sentiment qui a toujours guidé les grands peintres de portraits et qui a fait de ceux-ci la part la plus vivante et la moins vieillie de leur œuvre, ce sentiment anime nos contemporains lorsqu'au lieu de portraiturer un homme ou une femme, ils portraiturent un morceau de nature. Le *plein-airisme* lui-même, ou certains abus de réalisme, sont dans leur succès relatif, la preuve que l'art est irrésistiblement entraîné dans cette voie. L'artiste devient bien ainsi « celui qui se tient entre la nature et nous, le déchiffreur et le mémorialiste du monde extérieur. » Il nous apprend à regarder et à comprendre : le travail de sélection que notre œil inexpérimenté ou distrait n'a pas su faire dans le spectacle général de la matière, il le fait pour nous ; rassemblé, simplifié, adapté en quelque sorte par lui, un coin de l'univers nous devient accessible : nous nous en pénétrons, nous nous assimilons ses aspects essentiels, ses harmonies fondamentales, et nous prenons de cette façon une leçon de choses qui nous permettra plus tard de jouir directement de la vue de la nature.

Sans l'initiateur nous ne l'aurions peut-être pas vue : s'il ne nous l'avait pas montrée extraite de la mêlée des choses visibles, mise en relief dans son milieu complexe de formes et de couleurs, nous l'aurions confondue dans l'indifférence générale des objets, dans la masse grise et mouvante de la vie ; nous n'aurions pas joui d'un aspect réjouissant ou impressionnant. Et de plus nous n'aurions pas appris à distinguer ensuite par nous-mêmes un contour, une teinte, un groupement de lignes et de formes dans l'ensemble qu'illumine le plein soleil, ou qu'il colore de ses rayons déclinants. « Qu'importe qu'un passant distrait et affairé ne remarque point la structure d'une feuille morte touchée par le soleil, à la porte d'une galerie, et qu'une fois entré dans cette galerie, il admire l'image de cette même feuille touchée par le pinceau mille fois plus faible d'un Vénitien ? » Qu'importe, en effet, si le peintre vénitien a en quelque sorte créé pour la seconde fois la feuille morte, l'a même créée réellement pour nos yeux, puisqu'ils la voient dans le tableau de la galerie, mise sous un certain jour, isolée d'une certaine façon par l'artiste, et qu'ils ne la voyaient pas dehors ; puisqu'après l'avoir bien vue une fois sur la toile, ils la chercheront d'eux-mêmes, à l'automne prochain, dans les tourbillons qui tomberont des arbres ?

Voir la nature, c'est là un premier pas nécessaire dans l'apprentissage artistique, et nous apprendre à la voir c'est un grand service que nous rend l'art contemporain dit naturaliste. Par là il est vraiment agent de sociabilité humaine. Même quand il ne songe pas à l'homme en contemplant la nature, c'est toujours par les côtés où elle plaît aux hommes, et au moins à un homme qui est l'artiste lui-même, que celui-ci reproduit la nature. Les œuvres d'art, même celles qui ne semblent au premier abord qu'une reproduction exacte de la nature, renferment donc nécessairement une part d'humanité. C'est le rapport de la nature avec l'œil humain et par suite avec toute la sensibilité humaine qu'elles mettent en relief. Elles s'inspirent fatalement d'une sympathie entre l'homme et le monde extérieur, et par là elles sont un des points d'appui et des réchauffants de la sociabilité.

En effet, nous ne pouvons aimer les hommes que si tout d'abord nous aimons la vie universelle qui les implique. En aimant la vie nous y cherchons une harmonie : car elle ne peut exister pour l'ensemble dans sa plénitude qu'en existant pour les parties, et inversement elle ne peut exister pour les parties que si celles-ci se subordonnent sur beaucoup de points à l'ensemble. De là une première révélation par l'art de la complexité de l'être qui est à la fois un et tout, qui se compose de vies locales assujetties à un ordre général, qui n'est esthétique qu'à condition de se déployer librement tout en se limitant suivant certaines proportions qui sont les règles de la beauté. Les contours d'un objet le bornent dans l'espace tout en le faisant communiquer avec ce qui lui est extérieur, et en le reliant au reste de la création. Il en est de même de sa couleur qu'il emprunte au ciel, au soleil, aux reflets des objets environnants, et qui cependant le diversifie d'avec tout ce qui l'entoure. Toute leçon d'esthétique figurée est une leçon de solidarité universelle.

Elle se complique, mais elle ne perd pas son caractère fondamental quand elle joint à l'étude des formes et des signes extérieurs l'étude des physionomies humaines et des expressions morales ou intellectuelles. Au contraire elle gravit un degré supérieur ; elle cristallise en quelque sorte dans un tableau ou dans une statue un sentiment profond de l'âme, sentiment qui exprime toujours la perception d'un rapport entre l'individu et les êtres extérieurs. Dans la réalité, ce sentiment est éphémère, combattu ou tempéré par d'autres, difficile à saisir et à isoler par un œil non observateur. Le regard de l'artiste en surprend la manifestation. Sa main la fixe sur la toile ou sur le marbre. L'humanité, grâce à lui, se revoit dans une sorte de panorama analytique, image complète et en même temps fragmentaire de sa vie : elle s'aime ou elle se critique dans la représentation de ses divers états d'âme incarnés dans un geste, un regard, une expression, doux ou féroces, calmes ou agités, tendres ou passionnés, aussi nombreux que les nuances les plus fines des mouvements psychiques dont ils sont la traduction. Par là un musée devient une sorte de galerie de sociologie illustrée, où s'animent, sous le pinceau du peintre ou le ciseau du sculpteur, toutes les catégories d'humanité.

C'est ainsi que depuis la contemplation du brin d'herbe ou du caillou de la route, dont parlait Ruskin, jusqu'à celle d'une galerie qui renferme les œuvres d'art les plus délicates et les plus complexes, l'homme qui s'est habitué à observer trouve dans son observation même une occasion perpétuelle de sympathie avec les objets extérieurs rendus accessibles à son contact à la fois par l'immobilité et la fixité que l'art lui imprime, et par l'aptitude à l'analyse que la familiarité avec les œuvres d'art lui enseigne. Celle-ci deviennent donc de toutes façons des éducatrices.

III

L'éducation qu'elles donnent est-elle toujours profitable,—ou dans quelles conditions l'est-elle? — C'est là un point de vue capital auquel il faut bien venir. C'est celui-ci qu'examine Léon Tolstoï dans son volume : *Qu'est-ce que l'art?*

Il y a dans ce curieux livre[1] pas mal de confusion qui résulte de ce que l'auteur, dans sa fougue éloquente, n'a pas suffisamment distingué les différentes formes d'art. Littérature, poésie, musique, arts plastiques, il mêle tout dans une doctrine générale à conclusions un peu trop simplistes et qui ont d'ailleurs un caractère sociologique bien prononcé : « L'art est le moyen de transmission des sentiments parmi les hommes ; l'art n'est légitime qu'à condition de transmettre des sentiments profitables au but social, *qui est l'amour des hommes les uns pour les autres,* autrement dit de faire passer les conceptions religieuses du domaine de la raison dans celui du

1. Un éminent écrivain, M. Gaston Paris, le qualifiait récemment « d'à la fois génial et enfantin. »

sentiment, étant donné que les « conceptions religieuses » veulent dire : la fraternité humaine.

Ce serait faire un cours d'esthétique complet que vouloir suivre Tolstoï dans l'argumentation par laquelle il arrive à ces conclusions par trop utilitaires, — le mot utilitaire étant pris dans le sens le plus élevé. — Il part en somme d'un postulat qui est la fraternité humaine, but de la société humaine, et tire de la conformité ou de la non-conformité de l'art, comme d'ailleurs de la science, avec ce but, la légitimité ou la condamnation de l'art. C'est, je crois, une façon de raisonner au moins incomplète. La fraternité humaine n'est pas un dogme qui s'impose, isolé sans racines et sans liens avec le reste des conceptions relatives à l'univers et à la destinée humaine. Elle suppose un accord entre les hommes d'abord sur une certaine fin optimiste de la création, puis sur la possibilité pour les hommes de contribuer par leur volonté à réaliser cette fin optimiste. Pour établir cet accord, le raisonnement est bien impuissant, s'il n'est pas né d'une croyance religieuse supérieure aux données de la raison. Il faut qu'en dehors d'une révélation surnaturelle, il sorte d'un sentiment généralisé parmi les hommes, de sympathie pour ce qui les entoure, pour ce qui vit auprès d'eux, objets et êtres animés. On peut dire *a priori* que tout e qui développe en eux ce courant de sympathie contribue précisément à créer en eux ce besoin idéal dont Tolstoï fait un point de départ et qui est aussi un point d'arrivée. Or, qui peut mieux attirer les hommes vers ce qui leur est extérieur que le sentiment que cet extérieur est beau? Donc tout art qui révèlera de la beauté dans l'univers, loin d'être, comme le voudrait Tolstoï, hors des fins que doit poursuivre l'art, sera au contraire absolument conforme à ces fins. Il ne s'occupera pas directement de rapprocher les hommes ou de les pousser à la vertu et de les éloigner du vice, mais en les attachant à la beauté de ce qui existe, il leur fera désirer le bien de ce qui existe, et par des détours où l'art n'est plus directement intéressé, mais où il aura donné le mouvement d'impulsion, il contribuera au progrès de la morale. Autrement dit, l'art doit être producteur d'amour : l'amour sera producteur de morale, et il le sera d'autant plus qu'échauffé par un art plus vaste dans ses prises, il sera lui-même plus universel. Ruskin, nous l'avons montré plus haut, avait, à notre avis, vu plus juste sur cette partie du sujet que Tolstoï.

Mais la création de la beauté, niée par Tolstoï, n'est pas le seul moyen de l'action de l'art sur les hommes. Tolstoï a eu tort d'enlever à l'art l'une de ses destinations : mais il rentre dans une voie féconde en analysant dans l'œuvre d'art « son caractère propre à mettre l'homme à qui elle s'adresse en relation, d'une certaine façon, à la fois avec celui qui l'a produite et avec tous ceux qui en reçoivent l'impression. Par la parole l'homme transmet à autrui ses pensées : par l'art il lui transmet ses émotions et ses sentiments. »

Ici les rapports de l'art et de la morale deviennent plus étroits et plus directs : mais sont-ils tout à fait aussi simples que le voudrait Tolstoï ? Je ne le crois pas. Là encore il rétrécit trop le champ d'action de l'art. Son critorium est des plus simplistes et tout à fait absolu.

« Il suffit, dit-il en résumé, qu'un homme exprime devant un autre homme ses sentiments pour qu'aussitôt celui-ci les éprouve en lui... C'est sur cette aptitude de l'homme à éprouver les sentiments éprouvés par un autre homme, et exprimés par lui par des signes extérieurs, qu'est fondée la forme d'activité qui s'appelle l'art. Or, les sentiments que l'artiste communique à autrui peuvent être bons ou mauvais... la question est de savoir quels seront les bons et les mauvais, et par conséquent de pouvoir distinguer l'art véritable de celui qui en emprunte à tort le nom. Pour cela il faut toujours en revenir à l'idéal religieux, autrement dit à l'idée qu'on se fait du sens de la vie, *car la science qui distingue ce qui est bon de ce qui est mauvais porte le nom de religion.* »

Cela est vrai pour une religion révélée et le raisonnement de Tolstoï s'applique bien exactement à une telle religion : en est-il de même si l'on considère la religion sociale comme une synthèse des raisonnements et des sentiments suscités chez l'homme par le spectacle de l'univers et par le rôle qu'il y joue soit comme individu soit comme société, — si l'on admet que cette religion se développe comme la science, avec moins de précision qu'elle, mais comme elle par étapes et par évolution, à l'aide d'une série d'observations, d'impressions, enregistrées par l'intelligence et la sensibilité humaine et transmises héréditairement ? Dans ce cas, et la question étant ainsi posée, peut-on considérer une religion une fois formulée comme un critérium absolu de ce qui est bon ou mauvais dans l'art, c'est-à-dire dans les sentiments dont l'art est l'interprète et le transmetteur ? Dans l'ordre civil et même dans l'ordre de la morale, il faut bien se fonder sur une règle pour déclarer que tel acte est légitime ou illégitime, sans quoi l'association humaine serait impossible : mais dans le domaine des sentiments et des émotions, est-il possible d'établir une norme aussi fixe ? Au fond ce serait une pétition de principes. Ce serait supposer constitué définitivement et par une fixation antérieure un idéal moral qui est toujours en voie d'évolution, que précisément les sentiments et les émotions qui se traduisent par l'art modifient sans cesse. Supposez une loi en voie d'élaboration et qui doit se faire par le libre concours de personnes qui délibèrent ensemble pour la faire. Chacun doit ou peut donner son avis. Tout à coup vous supprimez la délibération et vous rédigez vous-même la loi en la déclarant définitive. C'est un coup d'état que la raison n'acceptera jamais : il est contraire aux conditions essentielles du régime délibératif. Une religion révélée pourrait procéder comme vous le proposez, par exclusion catégorique ; mais une religion qui n'est, comme vous le dites vous-même, que « l'énoncé de la conception que se font de la vie les hommes les meilleurs et les plus intelligents *d'une certaine époque* et *d'une certaine société,* » et qui par définition même doit toujours évoluer, une pareille religion ne peut prétendre que soient seuls « tenus pour bons les sentiments qui rapprochent les hommes d'elle, et mauvais ceux qui les en éloignent. » Sinon, elle deviendrait, dans ces conditions, une orthodoxie formée et elle ne correspondrait plus à son essence.

On arrive ainsi à une conception de l'art qui se rattache à celle de l'idée religieuse, mais par un lien plus flottant que celui qu'indique Tolstoï : l'art, pour être à la fois fécond et sain, ne peut pas en effet être quelconque, autrement dit exprimer et transmettre des sentiments quelconques. Il doit exprimer, transmettre, et par suite suggérer des sentiments qui soient d'accord avec une certaine ligne générale de l'activité humaine, ligne qui ne sera constatée et fixée ni par un dogme, ni même par une formule absolue ; mais qui variera avec les époques, avec le mouvement général des idées, avec les sentiments mêmes auxquels l'art aura donné l'essor. Il y aura donc réaction perpétuelle de l'idéal moral sur l'idéal artistique et réciproquement. On ne pourra pas dire que l'un est indépendant de l'autre ; mais on ne pourra pas déterminer leur interdépendance par des termes précis. Il n'y aura pas de code moral s'appliquant à l'art : il y aura seulement des prescriptions d'aspirations, de goût, de bienséance, de convenances, qui ne peuvent pas être formulées ni appliquées par un législateur et qui seront éternellement discutables, leur sanction ne reposant pas sur un critérium absolu. Par suite il y aura cas de conscience perpétuel chez l'auteur de l'œuvre d'art qui, sachant que tout sentiment, toute passion qu'il transmet et suggère aux hommes a sa répercussion sur leur idéal moral, se demandera à chaque création, s'il enrichit ou appauvrit le patrimoine de notions ou d'impulsions profitables au bonheur de l'humanité prise en masse. Il se sentira solidaire de l'ensemble social dont il fait partie et ne se contentera pas pour légitimer sa production d'art, de s'alléguer à lui-même qu'il exprime librement une libre fantaisie, ou qu'en flattant tel ou tel instinct, il est sûr du succès. Sa visée sera plus haute ; sans disposer d'un criterium catégorique du bien et du mal en fait d'art, il se renseignera auprès de l'histoire, et saura quelles tendances d'art ont été favorables au progrès social et quelles lui ont été nuisibles. Il regardera autour de lui et jugera la qualité des cœurs ou des esprits à qui plaît telle école ou telle tentative d'art ; il sondera sa propre conscience et y scrutera quel genre de satisfaction lui apporte le succès obtenu à l'aide de tel ou tel moyen, si cette satisfaction est conforme avec un certain idéal de noblesse et d'élévation morale qu'il est plus facile de sentir et d'apercevoir que de définir, mais qui n'en plane pas moins devant les yeux de tout artiste digne de ce nom. Il ne fera donc pas d'art en vue de tel ou tel précepte moral : mais il n'admettra pas non plus que la devise « l'arpour l'art » couvre un mépris complet des visées morales.

L'œuvre d'art, quelle qu'elle soit et à quelque catégorie qu'elle appartienne, conçue et exécutée dans ces conditions, ne peut pas ne pas être une source d'émotions profitables pour la société humaine. En effet, elle est une révélatrice avant tout de sentiments réellement éprouvés par une sensibilité humaine, et par là elle crée entre un être intérieur sincère et ceux avec qui il s'est mis en communication, un moyen d'expression accessible aux sens. De plus elle est révélatrice d'une sensibilité tournée vers un certain idéal moral au contact duquel elle s'est échauffée : par conséquent elle est à la fois un moyen de connaissance des hommes et une révélation de ce qu'ils sentent en eux de plus vivant, de plus émotionnant, et aussi de plus apte à les mettre en sympathie avec ceux auxquels ils se communiquent: or ce qui peut le mieux les mettre en sympathie avec autrui, ce sont des sentiments qui soient de large humanité, d'accord avec les visées éternelles de l'homme, avec ses instincts profonds et permanents, au-dessus par conséquent de ses jouissances passagères ou nuisibles. Dans toute œuvre d'art qui a un succès définitif, il existe un dessous de généralité sociale. Son mérite est de rendre cette généra-

lité sociale perceptible aux sens par l'émotion.
« L'émotion artistique, a dit avec justesse Guyau,
a pour résultat d'agrandir la vie individuelle en la
faisant se confondre avec une vie plus large et
plus universelle. » — « Penser de la même manière, ajoute M. Fouillée, c'est beaucoup sans
doute, mais ce n'est pas encore assez pour nous
faire *vouloir* de la même manière : le grand
secret c'est de nous faire sentir tous de la même
manière, et voilà le prodige que l'art accomplit. »
— « La loi interne de l'art, reprend à son tour
Guyau, c'est de produire une émotion esthétique
d'un caractère social. » Et il donne ainsi une
définition qui implique toutes les règles essentielles de l'art, en les délimitant mieux que Ruskin, en les élargissant davantage que Tolstoï.

IV

Parmi les arts il en est un qui répond merveilleusement à ces définitions d'un *art sociable* ;
et il est remarquable que ce soit précisément
celui qui, grâce à des conditions diverses, a pris
de notre temps des développements inouïs : je
veux parler de la musique. Sous ses formes
multiples, vocale, instrumentale, orchestrale,
chorale, collective, ou réduite à un seul exé-

cutant, la musique est un admirable interprète des sentiments ou des passions qui influent le plus sur la sociabilité : on peut l'appeler la langue des sentiments et des passions, dont elle transcrit dans ses sons et dans ses rythmes, tantôt en s'aidant de l'intermédiaire des images du langage parlé, tantôt en s'en passant, tous les mouvements les plus subtils, les plus délicats, ou les plus violents et les plus intenses. Les passions et les sentiments qui ne s'expriment dans les arts figurés que par des associations d'idées quelquefois difficiles à pénétrer, jaillissent directement dans la musique et vont directement de l'âme de celui qui a conçu l'œuvre musicale ou qui l'exécute, en se l'assimilant comme la traduction de ses propres émotions, à l'âme de celui qui écoute. La musique établit ainsi une sorte de communion de sympathie entre tous ceux qui y participent, soit comme exécutants sous la direction d'un chef dont la personnalité s'imprime à la fois sur l'œuvre et sur les interprètes, soit comme auditeurs qui sont, ensemble et comme d'un même flux, imprégnés de la même marée sonore avec ses vagues rythmées et ses clameurs réglées : mais cette marée sonore a d'abord été conçue par un génie unique, qui en a puisé les éléments dans sa propre sympathie avec les passions et les sentiments humains dont il a senti l'écho en lui-même : — de sorte qu'en créant l'œuvre musicale c'est un morceau d'humanité qu'il a fait vibrer en s'en pénétrant et en l'incarnant dans son propre être, pour en pénétrer ensuite d'autres êtres, et l'incarner dans d'autres êtres.

Que la musique soit *sociable* aussi bien par son essence que par ses conditions de réalisation, c'est ce qui n'est pas niable : qu'elle soit toujours utile dans sa sociabilité — au sens où l'entend Tolstoï ou tel autre moraliste — c'est ce qui est beaucoup plus discuté et discutable. Ici, le criterium de la moralité, déjà si difficile à fixer en matière d'art figuré ou d'art du langage, devient encore bien plus insaisissable. Les philosophes grecs avaient voulu fixer *l'ethos* des modes et des rythmes : à moins que nous ne comprenions pas ce qu'ils ont voulu dire — ce qui est bien possible faute de monuments musicaux suffisants — il faut bien avouer qu'ils sont tombés dans la puérilité. Y tomberait également quiconque voudrait établir un tribunal de moralité pour la musique. Il faudrait commencer par faire un code général des sentiments et des passions, fixer la nature et la dose de ceux qu'il est désirable de développer dans l'humanité, marquer la borne où doit s'arrêter leur empire. C'est tout une philosophie de la nature humaine et de son application à l'œuvre de civilisation, qui devrait servir de base à une réglementation d'un art aussi souple et aussi élastique qu'est la musique. C'est dire que le moraliste doit avoir ici l'esprit très large et se contenter de louer ou de blâmer certaines tendances de l'art musical, suivant que celui-ci développe dans une juste mesure ou stimule avec excès le côté sensitif et passionné de l'être humain. Il n'y a pas là de mesure exacte, ni surtout à priori ; mais seulement possibilité d'apercevoir, par analogie avec d'autres arts, par observation des effets dus antérieurement à des tentatives d'art analogues, il y a possibilité, lisons-nous, d'apercevoir ce qui est digne d'encouragement au point de vue social, et ce qui semble périlleux. Là encore le meilleur criterium de la moralité sera l'objectif ou l'idéal visé par le producteur de l'œuvre artistique. Si son inspiration a eu une source vraiment noble — et pour cela la première condition est la sincérité dans le sentiment ou la passion éprouvée — son œuvre aura sur les hommes une action plutôt bienfaisante, même si passagèrement elle excite en eux trop de sensibilité ou d'ardeur de passion. L'indétermination même de la musique vient ici en aide à la morale. Ce qui serait dangereux, précisé par une image ou une forme matérielle exacte, comme en poésie, peinture, ou sculpture, se tourne, sous l'influence d'une musique passionnée, en simple échauffement de ce qu'il y a de plus vibrant dans l'homme et qui s'applique à de multiples objets dont beaucoup sont féconds pour la socialité. C'est lorsqu'elle se joint à la parole et encore plus à l'action théâtrale, que la musique doit être surveillée par le moraliste, comme pouvant engendrer du mal social : mais dans ce cas c'est encore plus à ses compagnes qu'à elle qu'il faut attribuer le ravage produit.

Mais si son indétermination même assure dans une certaine mesure l'inoffensivité morale et sociale de la musique pure, il ne faut pas oublier qu'elle renferme un autre péril : l'habitude, pour l'esprit qui s'y laisserait trop bercer, de perdre de vue le côté positif des choses humaines pour s'égarer et s'étourdir dans la sensation produite par un art très compliqué, qui combine, comme dans un kaléidoscope, des sons et des mouvements en vue d'une simple impression de sentiment ou de passion. Il y a forcément de l'oubli ou de la transformation de la réalité dans la musique : c'en est le bienfait, mais c'en est aussi le danger. Un individu ou une collectivité qui vivrait trop pour dans la musique subirait une sorte d'hypnotisme d'hallucination de l'idéal qui les rendrait pe

propres aux besognes nécessaires de la vie et de
la société. Comme excitant, comme inspiratrice
de passion ou de poésie, comme calmant
dans certains cas par la douceur de son action,
la musique doit jouer un rôle essentiel dans
l'existence individuelle ou sociale d'un groupe
civilisé : et en effet depuis deux cents ans, inspirant des génies tendres ou puissants, répan-
due par l'instruction publique, généralisée par
la vulgarisation des instruments de musique,
elle a pénétré de plus en plus dans nos âmes et
dans nos chairs, substituant des sensations, des
émotions, même des rêves nouveaux à ceux de
l'humanité ancienne qui ne connaissait du chant
ou de l'art instrumental que ses formes les plus
simples ou les plus élémentaires. Elle est devenue
une source profonde de joies ou de mélancolies,
parfois de vertiges inconnus à nos pères. Il est
désirable que le sens de la socialité influe sur ses
développements ultérieurs, qu'elle pousse les
génies musicaux aux œuvres qui suscitent des
sentiments nobles plutôt qu'à celles qui surexci-
teraient seulement la nervosité en lui versant
une ivresse passagère, ou qui flatteraient ses
instincts vulgaires, sans satisfaire les penchants
élevés de l'être intime. C'est encore plus dans ces
alliances avec la parole ou la musique scénique,
que le sens de la socialité doit la suivre et la

contenir : car elle ajoute à ces manifestations de l'expression humaine, dans des proportions incroyables, et par suite, d'une façon tantôt désirable, tantôt périlleuse, l'intensité de sa propre vitalité : tantôt purifiant, élevant, élargissant, ennoblissant, tantôt au contraire, rabaissant à la vulgarité ou égarant dans une sorte de trouble bachique la poésie et l'imitation des gestes de la vie par le drame.

Dans ces limites, et tant qu'elle occupe une sorte de région d'élection dans la vie du plus grand nombre, la musique, sous ses diverses formes, est appelée à jouer un rôle considérable et bienfaisant dans notre sociabilité. A tous les degrés de l'échelle sociale, elle fournit soit une simple distraction plus saine et plus économique que les plaisirs factices de la table, de la boisson ou du jeu, soit un utile dérivatif aux passions politiques ou religieuses. Elle réclame pour être comprise et goûtée dans certaines de ses manifestations, qui pour rester simples n'en sont point nécessairement vulgaires, moins d'éducation spéciale et raffinée que les arts de la forme ou de la couleur. Elle se met à la portée de tous, sinon toujours pour les élever et les émouvoir noblement, au moins pour leur procurer tout d'abord une jouissance inoffensive : et dans l'état de nos plaisirs sociaux actuels, c'est déjà une certaine supériorité sur bien des divertissements d'un caractère moins innocent. C'est un premier échelon que la sensibilité esthétique du grand nombre franchira, espérons-le, et que des exemples récents permettent de supposer qu'elle franchira assez rapidement. Le succès des concerts populaires d'orchestre d'où sont bannies toutes les musiques vulgaires, est un de ces exemples encourageants. On peut douter, en voyant la foule dans un musée, si c'est bien l'impression artistique proprement dite qui l'y retient; si elle n'est pas captivée par les sujets qui se déroulent sous ses yeux à l'état de simples images, ou même tout bonnement par l'éclat et les dorures des salles où sont suspendues les tableaux ou rangées les statues. Quand on constate l'attention d'une foule retenue au concert pendant des heures sur de mauvais sièges qu'elle paye assez cher et dans une chaleur intense, pour le plaisir d'entendre des successions d'œuvres symphoniques, sans décors, sans acteurs, il faut bien admettre qu'elle goûte une véritable jouissance à ce qu'elle écoute : sans quoi elle ne viendrait pas ou s'en irait.

VI

La culture du sens esthétique sous toutes ses

formes et à tous ses degrés offre des ressources incommensurables pour l'avenir des sociétés. Nous sommes encore sur ce point dans l'enfance, et il n'en pouvait être autrement tant que le temps de loisir pour l'immense majorité du genre humain était à peine suffisant pour le reposer des heures de labeur. A mesure que le machinisme, tant maudit, raccourcit la journée de travail, il est permis d'espérer que la pratique, fût-elle rudimentaire, de quelque art d'agrément, dessin ou musique, remplira utilement les heures de délassement qu'absorbent trop souvent aujourd'hui le café ou le cabaret. A ce point de vue les classes aisées et instruites ont un exemple à donner aux classes moins favorisées de la fortune. Trop souvent elles ne montrent pas plus de goût ni d'élévation de sentiment dans le choix de leurs plaisirs que les catégories sociales adonnées au labeur manuel. L'habitude des exercices du corps qui se répand parmi les jeunes générations est un premier pas dans la voie de la réforme. Elle accoutume l'être humain à l'effort, à la persévérance en vue d'un but qui a son utilité sociale : le développement et l'équilibre des forces physiques, et qui ne devient regrettable que par l'excès, ou par l'exagération d'amour propre qu'on y apporte. La recherche des jouissances esthétiques sera un second pas dans le voie de l'annoblissement général des sociétés, qui est après tout le véritable but de la civilisation, et elle s'étendra peu à peu des classes plus aisées aux moins aisées, en créant encore entre elles des liens d'obligation et de gratitude bien utiles à la solidarité sociale, les uns sentant le devoir moral de communiquer aux autres une partie de leur culture esthétique, les autres sachant bon gré à ceux qui les auront instruits et affinés de ce qu'ils leur auront transmis du meilleur d'eux-mêmes. On a vu à d'autres époques, en Grèce ou en Italie, l'art servir de lien social presque autant que la religion et créer des courants de sympathie presque aussi puissants que ceux des croyances communes. Nous sommes assurément loin d'un pareil état de civilisation : mais il ne faudrait pas en conclure qu'il ne se réalisera jamais, ni surtout renoncer à faire les efforts nécessaires pour qu'il se réalise au moins partiellement. Toute tentative, individuelle ou collective, dans ce sens, sera féconde à la fois pour l'art et pour l'union sociale, à une double condition : que l'art attire à elle les foules par ce qu'il a d'élevé et de noble sans chercher la popularité dans la vulgarité ; que l'artiste songe au grand nombre non pour étendre sa renommée, mais pour élargir les sources de sa propre inspiration, et agrandir son cœur d'humanité.

IX

ANTISÉMITISME

A PROPOS D'UN LIVRE DE M. ANATOLE LEROY-BEAULIEU[1]

L'antisémitisme, — mot aussi barbare que le sentiment qu'il exprime, a-t-on dit justement, et qui malheureusement est redevenu de nos jours une triste actualité, — soulève à la fois une question religieuse, une question nationale et une question économique, qu'on confond souvent, non sans parti pris. Il renferme en outre une question géographique et une question historique. Il faudrait, pour être complet, suivre méthodiquement les Juifs dans chaque pays où la dispersion et l'exil les ont relégués, déterminer les conditions particulières qui ont été le résultat pour eux du milieu, des circonstances, de l'oppression, par

1. *Israël chez les nations.* 1893. — La présente notice a paru dans la *Revue critique d'histoire et de littérature,* août 1893.

où, comme on l'a dit ; — chaque nation a les Juifs qu'elle mérite.

C'est qu'en effet la clef de l'antisémitisme moderne est dans l'histoire. Il faut la chercher jusque dans l'antiquité au milieu du monde Romain, dans la littérature classique. Le premier réquisitoire antisémite résonne dans le *pro Flacco*, « une de ces révélations, a dit E. Havet, qui éclatent par moments à travers le silence de l'histoire[2] ». Le court passage de Cicéron laisse entrevoir comme dans une étincelle la situation si vite prise à Rome par la colonie des Juifs (ou Judaïsants), leur union, leur esprit de clan ou de tribu, leur influence dans les réunions du Forum, leurs rapports étroits avec la mère-patrie, l'irritation provoquée par la religion de cette « nation ennemie[1], » récemment réduite par Pompée « religion, dit Cicéron — (formé de bonne heure à la haine des Juifs par son maître Rhodien) — religion discordante avec la

---

1. Voir E. Havet, *Le Christianisme et ses origines*, t. II, p. 152 ; Graetz, 2ᵉ vol. de l'*Histoire des Juifs*, traduction française ; Hild, *Les Juifs à Rome devant l'opinion et la littérature* (Revue des Études Juives, 1884-1885).

1. Cicéron dit encore (*De prov. consul.*, V, 10) : « Cette nation née pour servir ». Cf. Tite-Live, XXVIII, 34. « Mos vetustus erat Romanis cum quo nec foedere nec aequis legibus jungeretur amicitia, non prius imperium in eum tanquam pacatum uti, quam omnia divina humanaque dedidisset. »

majesté de notre empire, la grandeur de notre nom, les traditions de nos ancêtres ». Là encore « l'or juif » apparaît pour la première fois dès le début de la réponse de l'orateur à ceux qui ont accusé son client. On sait ce qu'après des alternatives de tolérance ou même de privilèges, et de mesures de rigueur, devint, au sortir de la grande guerre, sous la plume de Tacite, de Sénèque, de Martial, de Juvénal, la haine ou le mépris déchaîné sur les Juifs, suite et en partie écho des inimitiés d'Alexandrie et d'Asie-Mineure. Cette haine et ce mépris, malgré des périodes d'accalmie, n'ont plus, depuis, lâché Israël. Le courant s'est formé du double afflux gréco-romain et chrétien, non sans répercussion des anciens ressentiments des uns sur l'inimitié nouvelle des autres.

Les conciles et le moyen âge ont fait fructifier sur ce point l'héritage de Rome et de l'Orient grec. Par un effet de réaction fréquent dans les choses humaines, cette atmosphère d'animadversion a, dans une certaine mesure, déterminé l'histoire des Juifs depuis la dispersion. Il y a là un lamentable engrenage de causes et d'effets qu'il faudrait suivre dès le début, si l'on voulait bien le comprendre et le faire comprendre.

M. Leroy-Beaulieu qui n'écrit pas un traité historique, prend cette chaîne douloureuse à son extrémité contemporaine. Il part du présent et il étudie les manifestations et les causes des préjugés ou des griefs anti-hébraïques actuels en les divisant pour mieux les analyser : préjugés ou griefs touchant la religion, la race, le caractère, la morale, l'intelligence, les aptitudes professionnelles, le sentiment patriotique, la difficulté à se fondre avec les nations ambiantes qui les ont adoptés. — A chacun de ces sujets il consacre un chapitre étendu. Il voyage à travers l'Europe et l'Asie (qu'il a parcourues personnellement en grande partie), remonte des faits contemporains à l'histoire, pénètre avec une singulière acuité d'esprit dans le détail et comme dans l'intimité des mœurs, des rites et de la littérature juives des différentes époques et des différents pays. Il rapporte de ses lectures ou de ses explorations une récolte abondante de faits qu'il met impartialement sous les yeux du lecteur. Par là, son livre, sans être un livre de science, est un livre plein de science, auquel la science fournit constamment comme un solide point d'appui : c'était nécessaire pour répondre à des déclamations et à des passions qui ont demandé à la science de soi-disant arguments.

« Israël, écrit M. Leroy-Beaulieu dans des termes presque identiques à ceux de Renan, dans sa célèbre conférence sur « *Israël comme race et comme religion* », Israël est bien moins le fruit d'une race que l'œuvre de l'histoire... Deux choses surtout ont fait le Juif et lui ont donné sous toutes les latitudes un aspect particulier : l'isolement séculaire et le rituel traditionnel, la séquestration sociale et les pratiques religieuses. Le Juif n'est pas le produit naturel d'un sol ou d'un climat : c'est un produit artificiel, le produit d'une double tradition et d'une double servitude. Il a été élaboré par deux agents opposés : par le confinement auquel nous l'avons soumis, par les observances auxquelles lui-même s'est astreint...[1] » Qu'il étudie le type, la complexion physique, le caractère, les mœurs, les aptitudes intellectuelles, professionnelles ou artistiques des Israélites, c'est là le jugement

[1]. Cf. Brunetière : « Les différences qu'il y a entre les Juifs et nous ce n'est pas la race qui les y a mises ; c'est nous-mêmes et nos pères. » (*Revue des Deux-Mondes*, 1er juin 1886.) — Macaulay : Supposez que, pendant un millier d'années, les hommes aux cheveux roux aient partout été soumis à des restrictions et à des vexations analogues à celles imposées aux Juifs, il est évident que les hommes roux de tous les pays se seraient considérés comme compatriotes et comme frères, alors même que de sang différent. » Heine : « On voit dans les contes des princes changés en bêtes, qui, le jour venu, reprennent leur forme première. Des sorcières avaient changé Israël en chien, jouet des enfants de la rue, en chien avec des pensées de chien... »

fondamental auquel aboutit M. Leroy-Beaulieu. On pourrait dire que son livre est, en grande partie, même dans ses excursions un peu libres, le développement de ce double point de vue dont on ne saurait exagérer la portée sur le terrain social. La formule où il l'a condensé est tout à fait juste. Elle serait encore plus complète si, à côté des facteurs que l'auteur énumère et analyse finement, figuraient avec un relief suffisant la Bible et surtout les prophètes. M. Leroy-Beaulieu n'admet pas facilement l'influence directe de ceux-ci sur le génie hébraïque moderne. La prétention de certains Juifs du xix° siècle à l'esprit novateur, la pensée qu'ils émettent qu'il appartient à Israël émancipé de renouer dans le monde moderne la tradition des prophéties, de relier Jérusalem et la Révolution, choque ou déconcerte en lui le fils, resté très attaché, au moins par le cœur, du christianisme. Il y a là dans Israël comme une vanité de survivance et d'initiative de renouvellement qu'il ne peut accepter. C'est après coup, pense-t-il, c'est la Révolution une fois faite, que l'idée de l'avoir conçue, et en quelque sorte portée dans ses flancs, est venue à la synagogue. Le Juif d'il y a cent ans n'avait rien de ce qui était nécessaire à une œuvre pareille. Qu'était-il ? Ce qu'est le Juif de Russie ou de Pologne d'aujourd'hui : « Qui ne connaît pas les grandes juiveries contemporaines de l'Est où les fils de Jacob, rassemblés par milliers, vivent en tribu, *more judaico*, ne connaît pas le Juif. » Comment des gens de cette sorte auraient-ils innové, préparé le monde moderne, aidé à la déchristianisation de l'ancien ? Ils sont ultra-conservateurs. Les nouveautés leur font horreur. Ils sont enfermés dans la tradition la plus étroite, la plus serve de la lettre, dans le ritualisme le plus sévère. Les accuser ou les glorifier d'être des révolutionnaires, c'est n'avoir jamais été en contact avec eux un seul instant. « Loin d'avoir donné l'impulsion au monde nouveau, le judaïsme en a subi le contre-coup. Ici, comme en beaucoup de choses, le Juif a été moins initiateur qu'imitateur. Il était si bien lié et garotté par le Talmud et les observations rituelles que, si nous n'avions tranché ses liens ou si nous ne lui avions prêté des ciseaux et des limes pour les couper, il n'aurait peut-être jamais eu la force de les briser. Ne renversons pas les rôles... ce n'est pas le Juif qui a émancipé la pensée chrétienne, c'est la pensée chrétienne qui a émancipé le Juif. »

Le XVIIIᵉ siècle y a eu sa large part : M. Leroy-Beaulieu montre les Juifs lisant la Bible à la lumière de l'Encyclopédie... Ils s'aperçurent, dit-il, que les prophètes avaient annoncé ce qu'annonçaient les profanes voyants des gentils. Il y avait accord, au moment où le Juif entra dans notre civilisation, entre les vieux livres de sa littérature sacrée et les espérances les plus hardies de la société nouvelle. Ces espérances hardies, le Juif se trouva tout prêt à les épouser : elles glorifiaient son passé et favorisaient son avenir. Le vieux judaïsme semblait confirmé par la science et rajeuni par la spéculation moderne.

L'explication est exacte, mais à condition d'admettre une survivance de tradition, une transmission latente des anciennes croyances, étouffées, atrophiées en partie par le poids des siècles, mais prêtes à se ranimer au premier souffle de liberté, au moins dans bon nombre de cœurs israélites [1]. Ici, comme partout, dirions-nous en empruntant à M. Leroy-Beaulieu ses propres paroles au sujet de la confraternité juive, le passé explique le présent. Le sentiment juif fortifié par des siècles de souffrance se perpétue par une sorte d'atavisme. Il survit jusque chez les Juifs dégagés de la tradition d'Israël et intimement incorporés aux nations modernes. Le Talmud étudié, fouillé pendant des siècles dans ses minuties traditionnelles, a formé l'es-

---

1. Cf. J. Darmesteter, *Les Prophètes d'Israël*, préface et *passim*, et les œuvres de Joseph Salvador, *passim*.

prit juif à la logique. Il y a pris ce don de déduction rigoureuse qui, parti d'un point de départ, le fait aller jusqu'au bout du raisonnement, don qui fait la force d'un Spinoza et le péril d'un Karl Marx [1]. En vertu de ce penchant d'esprit, libérés par la Révolution, certains Juifs ont cru voir cette Révolution se réalisant rapidement et complètement dans toutes les conséquences de ses principes : dans cette vision ils ont apporté à la fois la chaleur d'enthousiasme, la poésie des prophètes et l'esprit d'enchaînement des écoles talmudiques ; chez plusieurs les actes ont été conformes à la vision [2]. De ceux-là, quoiqu'en effet ils n'aient pas fait la Révolution, il serait inexact de dire qu'elle n'est pas autre chose pour eux, que pour beaucoup des chrétiens qu'elle a affranchis politiquement et civilement.

Les pages du livre de M. Leroy-Beaulieu ter-

1. « Le Talmud, c'est, dit A. Darmesteter (*Le Talmud*, p. 12, dans *Reliques scientifiques*), la dialectique sous sa forme la plus sèche et la plus ardue : l'étude journalière du Talmud qui chez les Juifs commençait à dix ans, pour finir avec la vie, a dû être pour l'esprit une rude gymnastique ; grâce à elle il prenait une finesse, une acuité incomparables ; le raisonnement s'habituait à la rigueur, la pensée à la logique. »

2. L'auteur indique qu'il insistera en un 2ᵉ volume sur la part qu'ont eue les Juifs dans la fondation de l'école Saint-Simonienne. C'est une page bien intéressante de la question juive au xixᵉ siècle.

minées, le lecteur a vu défiler devant ses yeux bien des Juifs différents, celui des prophéties et de l'époque messianique, le docteur de la Thora et celui du Talmud, le Juif des colonies commerçantes anciennes, celui des corps d'artisans d'avant les croisades, celui du ghetto et de la rouelle, celui des juiveries modernes de l'Est, dont un trop grand nombre ne sont qu'un ghetto étendu, le *Sephardim* de l'Europe méridionale, le Juif de notre occident qui l'a affranchi, mais qui oublie parfois la date récente de l'affranchissement, le Juif de nouveau honni et opprimé de Russie ou d'Allemagne. En même temps il a vu apparaître, tracées par l'auteur en esquisses concises mais brillantes, les figures marquantes du judaïsme moderne, dans les genres les plus opposés, philosophes, hommes d'État, hommes d'industrie, poètes, romanciers, savants, musiciens, phalange si jeune et déjà si extraordinairement compacte, quand on la compare au petit nombre des Juifs émancipés et quand on songe à la courte durée de l'émancipation. Ces figures, M. Leroy-Beaulieu s'est efforcé de les dépouiller de bien des traits factices, fruits du préjugé, de la légende ou du sophisme. Il a recherché en elles l'action de la race, de la culture religieuse traditionnelle, de la persécution, de l'affranchissement enfin et de l'égalité. Cette action est, dans beaucoup de cas, difficile à déterminer, non seulement dans ses causes, mais dans ses effets. Sur le type israélite même on n'est pas d'accord. Est-il unique, double, multiple ? autant d'obscurités. L'accord n'est pas mieux fait sur la complexion physique, sur les immunités vis-à-vis de certaines maladies, sur la propension à d'autres, sur la fécondité des mariages, sur la prédominance de tel ou tel tempérament. M. Leroy-Beaulieu sait bien, pour les avoir beaucoup pratiqués, l'incertitude des documents et des statistiques sur ces divers points. Ils varient suivant les milieux et les pays. L'auteur ne leur accorde, tout en les citant, qu'une confiance modérée. Nous ne pouvons l'en blâmer. Relativement à la question de race, il rappelle avec raison tout ce qu'il a fallu abandonner des grandes simplifications d'il y a cinquante ans, des catégoriques et sommaires oppositions d'Aryens à Sémites[1]. Il fait toucher du doigt et par le détail combien la question juive demeure plus complexe dans toutes ses parties sans exception qu'elle n'apparaît à l'observation superficielle de l'antisémite simpliste et brutal.

Dans la variété de judaïsmes que l'auteur

1. Cf. Renan : *Le judaïsme comme race et comme religion,* — et J. Darmesteter : *Race et tradition,* dans les *Prophètes d'Israël.*

étudie et fait revivre, le lecteur voit d'elle-même
se ranger à sa juste place cette aptitude soi-disant
exclusive des fils d'Israël, source contre eux de
tant d'envie, colorée de bien des prétextes : l'aptitude aux affaires et aux profits d'argent. Incontestable dans des conditions sociales ou légales
déterminées qui l'ont rendue inévitable, elle
apparaît surtout comme une forme spéciale, appropriée aux circonstances extérieures, d'une
faculté générale de combinaison, d'une souplesse
d'assimilation remarquables chez les Juifs, nées
probablement pour une grande part d'une sélection prolongée, affinées en même temps qu'aigries par une séculaire contrainte. Comment
cette faculté qui a été celle d'autres groupes de
populations (les *Lombards* par exemple), s'est
spécialisée chez les Juifs dans certains pays [1],
comment cette spécialisation a pour origine des
causes historiques, comment elle s'est développée grâce aux lois canoniques sur l'usure,
à l'interdiction des professions usuelles, exagérée
et exaspérée grâce à la culture héréditaire,
M. Leroy-Beaulieu achèvera, je pense, de l'in-

---

[1]. Il ne faut pas perdre de vue qu'autant on reproche aux
Juifs, dans certaines contrées, leurs richesses, autant dans
d'autres, on leur en veut de leur pauvreté qui les pousse par
milliers à travailler au rabais. Ainsi, en Amérique, en Angleterre, en Russie même,

diquer dans un second volume qu'il annonce. Il signalera vraisemblablement la part qu'ont eue dans le succès de beaucoup de banques ou de spéculations juives d'Occident, la dispersion même d'Israël à travers l'Europe, les relations étroites maintenues entre ses membres par leur petit nombre en même temps que par la communauté de race ou de religion, l'habitude prise dans l'exil fréquent, des émigrations à l'étranger ; toutes conditions favorables aux profits commerciaux ou financiers, mais que la croissance même d'Israël, ses contacts ou sa fusion plus complète avec les pays qui l'absorbent, l'affaiblissement des liens de famille ou de croyance, tendraient à atténuer chaque jour sans les passions et les haines qui y mettent obstacle. L'affranchissement, l'expérience l'a déjà prouvé, élargit et varie singulièrement les aptitudes hébraïques et leur fait vite porter des fruits heureux ou glorieux pour l'ensemble de la civilisation, même s'ils sont parfois mêlés de quelques excès ou de quelques tendances regrettables. En signalant ces dernières, M. Leroy-Beaulieu, dépouillé d'illusions autant que de désespérance, sait et montre de quel poids le passé pèse longtemps sur le présent ; il n'en dissimule aucun des effets douloureux. En les constatant sans acrimonie comme sans indulgence excessive, il sait aussi et rappelle à tous que le passé renferme les leçons de l'avenir. Elles sont décisives dans le sens de l'élargissement, élargissement de croyances et d'horizon chez les uns [1], de libéralisme chez les autres. Elles condamnent comme un recul indigne de la civilisation le retour à d'anciens préjugés, à d'abominables violences, à des accès d'intolérance ou d'animadversion, qui, en déshonorant l'humanité, ne résolvent aucun des problèmes que nous a légués l'histoire [2].

1. J'aurais aimé que l'auteur, au moins dans une note, serrât de plus près la question des synagogues réformées, qu'il indiquât avec précision dans quelle mesure les tentatives de rajeunissement du culte et des pratiques rituelles ont réussi sur les divers points où elles ont eu lieu. Il y aurait là un travail de renseignements et de statistique bien intéressant à faire.

2. Depuis que le livre de M. Leroy-Beaulieu a paru, M. Théodore Reinach a publié un impartial et excellent petit volume : *Juifs* (Ladmirault, éditeur) (1894) et un instructif article historique dans le *Dictionnaire des antiquités de M. Saglio* : *Judæi.* — Sur les documents classiques consulter : *Textes d'auteurs grecs et romains relatifs au judaïsme* par le même (Leroux, éd. 1895).

TABLE DES MATIÈRES

ERRATUM

Page 25 après *austérité apparente* ajouter : *et qu'elle se défie de l'autre ;*

— 49 au lieu de *conseilleurs* lire *conseillers*.

— 59 — *tracts* — *trusts*

CHARTRES. — IMPRIMERIE DURAND, RUE FULBERT.

Juin 1897

ANCIENNE LIBRAIRIE GERMER BAILLIÈRE ET Cie

FÉLIX ALCAN, ÉDITEUR

108, Boulevard Saint-Germain, 108, Paris.

EXTRAIT DU CATALOGUE

SCIENCES — MÉDECINE — HISTOIRE — PHILOSOPHIE

BIBLIOTHÈQUE SCIENTIFIQUE INTERNATIONALE

Volumes in-8 en élégant cartonnage anglais. — Prix : 6 fr.

86 VOLUMES PARUS

1. J. TYNDALL. Les glaciers et les transformations de l'eau, 6º éd., illustré.
2. W. BAGEHOT. Lois scientifiques du développement des nations, 5º édition.
3. J. MAREY. La machine animale, locomotion terrestre et aérienne, 5º édition, illustré.
4. A. BAIN. L'esprit et le corps considérés au point de vue de leurs relations, 6º édition.
5. PETTIGREW. La locomotion chez les animaux, 2º éd., ill.
6. HERBERT SPENCER. Introd. à la science sociale, 11º édit.
7. OSCAR SCHMIDT. Descendance et darwinisme, 6º édition.
8. H. MAUDSLEY. Le crime et la folie, 6º édition.
9. VAN BENEDEN. Les commensaux et les parasites dans le règne animal, 3º édition, illustré.
10. BALFOUR STEWART. La conservation de l'énergie, 5º éd., illustré.
11. DRAPER. Les conflits de la science et de la religion, 9º éd.
12. LÉON DUMONT. Théorie scientifique de la sensibilité, 4º éd.
13. SCHUTZENBERGER. Les fermentations, 6º édition, illustré.
14. WHITNEY. La vie du langage, 4º édition.
15. COOKE et BERKELEY. Les champignons, 4º éd., illustré.
16. BERNSTEIN. Les sens, 5º édition, illustré.
17. BERTHELOT. La synthèse chimique, 6º édition.
18. NIEWENGLOWSKI. La photographie et la photochimie, illustré.
19. LUYS. Le cerveau et ses fonctions, 7º édition, illustré.
20. W. STANLEY JEVONS. La monnaie et le mécanisme de l'échange, 5º édition.
21. FUCHS. Les volcans et les tremblements de terre, 5º éd.
22. GÉNÉRAL BRIALMONT. La défense des États et les camps retranchés, 3º édition, avec fig.
23. A. DE QUATREFAGES. L'espèce humaine, 12º édition.
24. BLASERNA et HELMHOLTZ. Le son et la musique, 5º éd.
25. ROSENTHAL. Les muscles et les nerfs, 3º édition (épuisé).
26. BRUCKE et HELMHOLTZ. Principes scientifiques des beaux-arts, 4º édition, illustré.

27. **WURTZ. La théorie atomique**, 6° édition.
28-29. **SECCHI (Le Père). Les étoiles**, 3° édition, illustré.
30. **N. JOLY. L'homme avant les métaux**, 4° édit., illustré.
31. **A. BAIN. La science de l'éducation**, 8° édition.
32-33. **THURSTON. Histoire de la machine à vapeur.** 3° éd.
34. **R. HARTMANN. Les peuples de l'Afrique**, 2° édit., illustré.
35. **HERBERT SPENCER. Les bases de la morale évolution-niste**, 5° édition.
36. **Th.-H. HUXLEY. L'écrevisse**, introduction à l'étude de la zoologie, 2° édition, illustré.
37. **DE ROBERTY. La sociologie**, 3° édition.
38. **O.-N. ROOD. Théorie scientifique des couleurs et leurs applications à l'art et à l'industrie**, 2° édition, illustré.
39. **DE SAPORTA et MARION. L'évolution du règne végétal.** *Les cryptogames*, illustré.
40-41. **CHARLTON-BASTIAN. Le système nerveux et la pensée.** 2° édition. 2 vol. illustrés.
42. **JAMES SULLY. Les illusions des sens et de l'esprit**, 2° éd., ill.
43. **YOUNG. Le Soleil**, illustré.
44. **A. DE CANDOLLE. Origine des plantes cultivées**, 4° édit.
45-46. **J. LUBBOCK. Les Fourmis, les Abeilles et les Guêpes.** 2 vol. illustrés.
47. **Ed. PERRIER. La philos. zoologique avant Darwin**, 3° éd.
48. **STALLO. La matière et la physique moderne**, 2° édition.
49. **MANTEGAZZA. La physionomie et l'expression des sentiments**, 3° édit., illustré.
50. **DE MEYER. Les organes de la parole**, illustré.
51. **DE LANESSAN. Introduction à la botanique.** *Le sapin.* 3° édit., illustré.
52-53. **DE SAPORTA et MARION. L'évolution du règne végétal.** *Les phanérogames.* 2 volumes illustrés.
54. **TROUESSART. Les microbes, les ferments et les moisissures**, 2° éd., illustré.
55. **HARTMANN. Les singes anthropoïdes**, illustré.
56. **SCHMIDT. Les mammifères dans leurs rapports avec leurs ancêtres géologiques**, illustré.
57. **BINET et FÉRÉ. Le magnétisme animal**, 4° éd., illustré.
58-59. **ROMANES. L'intelligence des animaux.** 2 vol., 2° éd.
60. **F. LAGRANGE. Physiologie des exercices du corps.** 7° éd.
61. **DREYFUS. L'évolution des mondes et des sociétés.** 3° éd.
62. **DAUBRÉE. Les régions invisibles du globe et des espaces célestes**, illustré, 2° édition.
63-64. **SIR JOHN LUBBOCK. L'homme préhistorique.** 4° édition, 2 volumes illustrés.
65. **RICHET (Ch.). La chaleur animale**, illustré.
66. **FALSAN. La période glaciaire**, illustré.
67. **BEAUNIS. Les sensations internes.**
68. **CARTAILHAC. La France préhistorique**, illustré. 2° éd.
69. **BERTHELOT. La révolution chimique, Lavoisier**, illustré.
70. **SIR JOHN LUBBOCK. Les sens et l'instinct chez les animaux**, illustré.
71. **STARCKE. La famille primitive.**

72. ARLOING. Les virus, illustré.
73. TOPINARD. L'homme dans la nature, illustré.
74. BINET. Les altérations de la personnalité.
75. A. DE QUATREFAGES. Darwin et ses précurseurs français. 2ᵉ éd.
76. LEFEVRE. Les races et les langues.
77-78. A. DE QUATREFAGES. Les émules de Darwin. 2 vol.
79. BRUNACHE. Le centre de l'Afrique, autour du Tchad,
   illustré.
80. A. ANGOT. Les aurores polaires, illustré.
81. JACCARD. Le pétrole, l'asphalte et le bitume, illustré.
82. STANISLAS MEUNIER. La géologie comparée, illustré.
83. LE DANTEC. Théorie nouvelle de la vie, illustré.
84. DE LANESSAN. Principes de colonisation.
85. DEMOOR, MASSART et VANDERVELDE. L'évolution
   régressive en biologie et en sociologie, illustré.
86. G. DE MORTILLET. Formation de la nation française,
   illustré.

COLLECTION MÉDICALE

ÉLÉGANTS VOLUMES IN-12, CARTONNÉS A L'ANGLAISE, A 4 ET A 3 FRANCS

Le Phtisique et son traitement hygiénique, par le
   Dʳ E.-P. Léon-Petit, médecin de l'hôpital d'Ormesson, avec
   20 gravures.   4 fr.
**Hygiène de l'alimentation dans l'état de santé et de
   maladie**, par le Dʳ J. Laumonier, avec gravures.   4 fr.
L'alimentation des nouveau-nés, *Hygiène de l'allaitement
   artificiel*, par le Dʳ S. Icard, avec 60 gravures, 2ᵉ édit.   4 fr.
La mort réelle et la mort apparente, nouveaux procédés
   de diagnostic et traitement de la mort apparente, par le Dʳ S. Icard,
   avec gravures.   4 fr.
L'hygiène sexuelle et ses conséquences morales, par
   le Dʳ S. Ribbing, professeur à l'Université de Lund (Suède).   4 fr.
**Hygiène de l'exercice chez les enfants et les jeunes
   gens**, par le Dʳ F. Lagrange, lauréat de l'Institut. 4ᵉ édit.   4 fr.
De l'exercice chez les adultes, par le Dʳ F. Lagrange,
   2ᵉ édition.   4 fr.
Hygiène des gens nerveux, par le Dʳ Levillain. 3ᵉ édition
   avec gravures.   4 fr.
L'Idiotie. *Psychologie et éducation de l'idiot*, par le Dʳ J. Voisin,
   médecin de la Salpêtrière, avec gravures.   4 fr.
La famille névropathique, *Hérédité, prédisposition morbide,
   dégénérescence*, par le Dʳ Ch. Féré, médecin de Bicêtre, avec
   gravures.   4 fr.
L'éducation physique de la jeunesse, par A. Mosso, professeur à l'Université de Turin. Préface de M. le Commandant
   Legros.   4 fr.

Manuel de percussion et d'auscultation, par le Dr P. SIMON, professeur à la Faculté de médecine de Nancy, avec grav. 4 fr.

Éléments d'anatomie et de physiologie génitales et obstétricales, par le Dr A. Pozzi, professeur à l'école de médecine de Reims, avec 219 gravures. 4 fr.

Manuel théorique et pratique d'accouchements, par le Dr A. Pozzi, avec 138 gravures. 4 fr.

Le traitement des aliénés dans les familles, par le Dr Féré, médecin de Bicêtre. 2e édition. 3 fr.

Petit manuel d'antisepsie et d'asepsie chirurgicales, par les Drs Félix Terrien, professeur à la Faculté de médecine de Paris, membre de l'Académie de médecine, et M. Péraire, ancien interne des hôpitaux, assistant de consultation chirurgicale à l'hôpital Bichat, avec gravures. 3 fr.

Petit manuel d'anesthésie chirurgicale, par les mêmes, avec 37 gravures. fr.

L'opération du trépan, par les mêmes, avec 222 grav. 4 fr.

Chirurgie de la face, par les Drs Félix Terrien, Guillemain et Malherbe, anciens internes des hôpitaux, avec gravures. 4 fr.

Morphinisme et Morphinomanie, par le Dr Paul Rodet. 4 fr.

La fatigue et l'entraînement physique, par le Dr Ph. Tissié, avec gravures. 4 fr.

Manuel d'hydrothérapie, par le Dr Macario. 3 fr.

MÉDECINE

Extrait du catalogue, par ordre de spécialités.

A. — Pathologie et thérapeutique médicales.

AXENFELD et HUCHARD. Traité des névroses. 2e édition, par Henri Huchard. 1 fort vol. gr. in-8. 20 fr.

BARTELS. Les maladies des reins, avec notes de M. le prof. Lépine. 1 vol. in-8, avec fig. 7 fr. 50

BOUCHARDAT. De la glycosurie ou diabète sucré, son traitement hygiénique, 2e édition. 1 vol. grand in-8, suivi de notes et documents sur la nature et le traitement de la goutte, la gravelle urique, sur l'oligurie, le diabète insipide avec excès d'urée, l'hippurie, la pimélorrhée, etc. 15 fr.

BOUCHUT et DESPRÉS. Dictionnaire de médecine et de thérapeutique médicales et chirurgicales, comprenant le résumé de la médecine et de la chirurgie, les indications thérapeutiques de chaque maladie, la médecine opératoire, les accouchements, l'oculistique, l'odontotechnie, les maladies d'oreilles, l'électrisation, la matière médicale, les eaux minérales, et un formulaire spécial pour chaque maladie. 6e édition, 1895, très augmentée. 1 vol. in-4, avec 1001 fig. dans le texte et 3 cartes. Br. 25 fr.; relié, 30 fr.

CORNIL et BABES. **Les bactéries et leur rôle dans l'anatomie et l'histologie pathologiques des maladies infec-
tieuses.** 2 vol. in-8, avec 350 fig. dans le texte en noir et en couleurs et 12 pl. hors texte, 3º éd. entièrement refondue, 1890. 40 fr.

DAVID. **Les microbes de la bouche.** 1 vol. in-8 avec gravures
en noir et en couleurs dans le texte. 10 fr.

DÉJERINE-KLUMPKE (Mᵐᵉ). **Des polynévrites et des para-
lysies et atrophies saturnines.** 1 vol. in-8. 1889. 6 fr.

DESPRES. **Traité théorique et pratique de la syphilis,** ou
infection purulente syphilitique. 1 vol. in-8. 7 fr.

DUCKWORTH (Sir Dyce). **La goutte,** son traitement. Trad. de l'anglais par le Dʳ Rodet. 1 vol. gr. in-8 avec gr. dans le texte. 10 fr.

DURAND-FARDEL. **Traité des eaux minérales** de la France
et de l'étranger, et de leur emploi dans les maladies chroniques,
3º édition. 1 vol. in-8. 10 fr.

FÉRÉ (Ch.). **Les épilepsies et les épileptiques.** 1 vol. gr. in-8
avec 12 planches hors texte et 67 grav. dans le texte. 1890. 20 fr.

FÉRÉ (Ch.). **La pathologie des émotions.** 1 vol. in-8.
1893. 12 fr.

FINGER (E.). **La blennorrhagie et ses complications.**
1 vol. gr. in-8 avec 36 grav. et 7 pl. hors texte. Traduit de l'allemand par le docteur Hogge. 1894. 12 fr.

FINGER (E.). **La syphilis et les maladies vénériennes,**
trad. de l'all. avec notes par les Dʳˢ Spillmann et Doyon. 1 vol.
in-8, avec 5 planches hors texte. 1895. 12 fr.

FLEURY (Maurice de). **Introduction à la médecine de
l'esprit,** 1 volume in-8. 1897. 7 fr. 50

HÉRARD, CORNIL et HANOT. **De la phtisie pulmonaire,**
1 vol. in-8, avec fig. dans le texte et pl. coloriées. 2º éd. 20 fr.

ICARD (S.). **La femme pendant la période menstruelle.**
Étude de psychologie morbide et de médecine légale. In-8. 6 fr.

LANCEREAUX. **Traité historique et pratique de la syphilis.** 2º édit. 1 vol. gr. in-8, avec fig. et planches color. 17 fr.

MARVAUD (A.). **Les maladies du soldat,** étude étiologique,
épidémiologique et prophylactique. 1 vol. grand in-8. 1894. 20 fr.
Ouvrage couronné par l'Académie des sciences.

MAUDSLEY. **La pathologie de l'esprit.** 1 vol. in-8. 10 fr.

MURCHISON. **De la fièvre typhoïde.** In-8, avec figures dans
le texte et planches hors texte. 3 fr.

NIEMEYER. **Eléments de pathologie interne et de thérapeutique,** traduit de l'allemand, annoté par M. Cornil. 3º édit.
franç., augmentée de notes nouvelles. 2 vol. in-8. 4 fr. 50

ONIMUS et LEGROS. **Traité d'électricité médicale.** 1 fort
vol. in-8, avec 275 figures dans le texte. 2º édition. 17 fr.

RILLIET et BARTHEZ. **Traité clinique et pratique des
maladies des enfants.** 3º édit., refondue et augmentée par
Barthez et A. Sanné. Tome I, 1 fort vol. gr. in-8. 16 fr.
Tome II, 1 fort vol. gr. in-8. 14 fr.
Tome III terminant l'ouvrage, 1 fort vol. gr. in-8. 28 fr.

SÉE (M.). **Le Gonocoque**, 1 vol. in-8. 1896. 10 fr.

SOLLIER (Paul). **Genèse et nature de l'hystérie**, 2 forts vol. in-8. 1897. 20 fr.

TAYLOR. **Traité de médecine légale**, traduit sur la 7e édition anglaise, par le Dr Henri Coutagne. 1 vol. gr. in-8. 4 fr. 50

VOISIN (J.). **L'épilepsie**, 1 vol. in-8. 1896. 6 fr.

B. — Pathologie et thérapeutique chirurgicales.

ANGER (Benjamin). **Traité iconographique des fractures et luxations.** 1 fort volume in-4, avec 100 planches coloriées, et 127 gravures dans le texte. 2e tirage. Relié. 150 fr.

BILLROTH et WINIWARTER. **Traité de pathologie et de clinique chirurgicales générales**, 2e édit. d'après la 10e édit. allemande. 1 fort vol. gr. in-8, avec 180 fig. 20 fr.

Congrès français de chirurgie. Mémoires et discussions, publiés par MM. Pozzi, secrétaire général, et Picqué, secrétaire général adjoint.

1re, 2e et 3e sessions : 1885, 1886, 1888, 3 forts vol. gr. in-8, avec fig., chacun, 14 fr. — 4e session : 1889, 1 fort vol. gr. in-8, avec fig., 16 fr. — 5e session : 1891, 1 fort vol. gr. in-8, avec fig., 14 fr. — 6e session : 1892, 1 fort vol. gr. in-8, avec fig. 16 fr. — 7e session : 1893, 1 fort vol. gr. in-8, 18 fr. — 8e, 9e et 10e sessions : (1894-95-96), chacune 20 fr.

DE ARLT. **Des blessures de l'œil**, considérées au point de vue pratique et médico-légal. 1 vol. in-18. 1 fr. 25

DELORME. **Traité de chirurgie de guerre.** 2 vol. gr. in-8.
Tome I, avec 95 grav. dans le texte et 1 pl. hors texte. 16 fr.
Tome II, terminant l'ouvrage, avec 400 grav. dans le texte 26 fr.
Ouvrage couronné par l'Académie des sciences.

JAMAIN et TERRIER. **Manuel de pathologie et de clinique chirurgicales.** 3e édition. Tome I, 1 fort vol. in-18. 8 fr. — Tome II, 1 vol. in-18. 8 fr. — Tome III, avec la collaboration de MM. Broca et Hartmann, 1 vol. in-18. 8 fr. — Tome IV, avec la collaboration de MM. Broca et Hartmann, 1 vol. in-18. 8 fr.

LIEBREICH. **Atlas d'ophtalmoscopie**, représentant l'état normal et les modifications pathologiques du fond de l'œil vues à l'ophtalmoscope. 3e édition, atlas in-f° de 12 planches. 40 fr.

MAC CORMAC. **Manuel de chirurgie antiseptique**, traduit de l'anglais par M. le docteur Lutaud. 1 fort vol. in-8. 2 fr.

MALGAIGNE et LE FORT. **Manuel de médecine opératoire.** 9e édit. 2 vol. gr. in-18, avec nombreuses fig. dans le texte. 16 fr.

NÉLATON. **Éléments de pathologie chirurgicale**, par A. Nélaton, membre de l'Institut, professeur de clinique à la Faculté de médecine, etc. Ouvrage complet en 6 volumes.
Seconde édition, complètement remaniée, revue par les Drs Jamain, Péan, Després, Gillette et Horteloup, chirurgiens des hôpitaux. 6 forts vol. gr. in-8, avec 795 figures dans le texte. 32 fr.

NIMIER et DESPAGNET. Traité élémentaire d'ophtalmologie. 1 fort vol. gr. in-8, avec 432 gr. Cart. à l'angl. 1894. 20 fr.

PAGET (sir James). Leçons de clinique chirurgicale, trad. par L.-H. Petit, et introd. du prof. Verneuil. 1 vol. gr. in-8. 8 fr.

RICHARD. Pratique journalière de la chirurgie. 1 vol. gr. in-8, avec 215 fig. dans le texte. 2° édit. 8 fr.

SOELBERG-WELLS. Traité pratique des maladies des yeux. 1 fort vol. gr. in-8, avec figures. 4 fr. 50

TERRIER. Éléments de pathologie chirurgicale générale.
1er fascicule : *Lésions traumatiques et leurs complications.* 1 vol. in-8. 7 fr.
2° fascicule : *Complications des lésions traumatiques. Lésions inflammatoires.* 1 vol. in-8. 6 fr.

TERRIER et BAUDOUIN. De l'hydronéphrose intermittente, 1892. 1 vol. in-8. 5 fr.

VIRCHOW. Pathologie des tumeurs, cours professé à l'université de Berlin, traduit de l'allemand par le docteur Aronssohn. — Tome I, 1 vol. gr. in-8, avec 406 fig. 3 fr. 75. — Tome II. 1 vol. gr. in-8, avec 74 fig. 3 fr. 75. —Tome III, 1 vol. gr. in-8. avec 49 fig. 3 fr. 75. — Tome IV, 1 vol. gr. in-8, avec figures. 4 fr. 50

C. — Thérapeutique. Pharmacie. Hygiène.

BOSSU. Petit compendium médical. 1 vol. in-32, 4° édit., cart. à l'anglaise. 1 fr. 25

BOUCHARDAT. Nouveau formulaire magistral, précédé d'une Notice sur les hôpitaux de Paris, de généralités sur l'art de formuler, suivi d'un Précis sur les eaux minérales naturelles et artificielles, d'un Mémorial thérapeutique, de notions sur l'emploi des contrepoisons et sur les secours à donner aux empoisonnés et aux asphyxiés. 1896, 31° édition, revue et corrigée. 1 vol. in-18, broché, 3 fr. 50 ; cartonné, 4 fr. ; relié. 4 fr. 50

BOUCHARDAT et DESOUBRY. Formulaire vétérinaire, contenant le mode d'action, l'emploi et les doses des médicaments. 5° édit. 1 vol. in-18, br. 3 fr. 50, cart. 4 fr., relié. 4 fr. 50

BOUCHARDAT. De la glycosurie ou diabète sucré, son traitement hygiénique. 2° édition. 1 vol. grand in-8, suivi de notes et documents sur la nature et le traitement de la goutte, la gravelle urique, sur l'oligurie, le diabète insipide avec excès d'urée, l'hippurie, la pimélorrhée, etc. 15 fr.

BOUCHARDAT. Traité d'hygiène publique et privée, basé sur l'étiologie. 1 fort vol. gr. in-8. 3° édition, 1887. 18 fr.

LAGRANGE (F.). La médication par l'exercice. 1 vol. grand in-8, avec 68 grav. et une carte. 1894. 12 fr.

WEBER. Climatothérapie, traduit de l'allemand par les docteurs Doyon et Spillmann. 1 vol. in-8. 1886. 6 fr.

D. — Anatomie. Physiologie. Histologie.

BELZUNG. Anatomie et physiologie animales. 1 fort vol. in-8 avec 522 gravures dans le texte. 5ᵉ éd., revue. 6 fr., cart. 7 fr.

BÉRAUD (B.-J.). Atlas complet d'anatomie chirurgicale topographique, pouvant servir de complément à tous les ouvrages d'anatomie chirurgicale, composé de 109 planches représentant plus de 200 figures gravées sur acier, avec texte explicatif. 1 fort vol. in-4.

Prix : fig. noires, relié, 60 fr. — Fig. coloriées, relié, 120 fr.

BERNARD (Claude). Leçons sur les propriétés des tissus vivants, avec 94 fig. dans le texte. 1 vol. in-8. 2 fr. 50

BURDON-SANDERSON, FOSTER et BRUNTON. Manuel du laboratoire de physiologie, traduit de l'anglais par M. MOQUIN-TANDON. 1 vol. in-8, avec 184 fig. dans le texte. 7 fr.

CORNIL, RANVIER, BRAULT et LETULLE, Manuel d'histologie pathologique. 3ᵉ édition. 3 vol. in-8, avec nombreuses figures dans le texte. (*Sous presse.*)

DEBIERRE. Traité élémentaire d'anatomie de l'homme. Anatomie descriptive et dissection, avec notions d'organogénie et d'embryologie générales. Ouvrage complet en 2 volumes. 40 fr.

Tome I, *Manuel de l'amphithéâtre,* 1 vol. in-8 de 930 pages avec 450 figures en noir et en couleurs dans le texte. 1890. 20 fr.

Tome II et dernier : 1 vol. in-8 avec 510 figures en noir et en couleurs dans le texte. 20 fr.

Ouvrage couronné par l'Académie des sciences.

DEBIERRE et DOUMER. Album des centres nerveux. 1 fr. 50

FAU. Anatomie des formes du corps humain, à l'usage des peintres et des sculpteurs. 1 atlas in-folio de 25 planches. Prix : fig. noires, 15 fr. — Fig. coloriées. 30 fr.

FERRIER. Les fonctions du cerveau. 1 v. in-8, avec 68 fig. 9 fr.

LABORDE. Les tractions rythmées de la langue, traitement physiologique de la mort. 1 vol. in-12. 2ᵉ éd. 1897. 5 fr.

LEYDIG. Traité d'histologie comparée de l'homme et des animaux. 1 fort vol. in-8, avec 200 figures. 4 fr. 50

LONGET. Traité de physiologie. 3ᵉ édition, 3 vol. gr. in-8 avec figures. 12 fr.

MAREY. Du mouvement dans les fonctions de la vie. 1 vol. in-8, avec 200 figures dans le texte. 9 fr.

PREYER. Eléments de physiologie générale. Traduit d'allemand par M. J. Soury. 1 vol. in-8. 5 fr.

PREYER. Physiologie spéciale de l'embryon. 1 vol. in-8 avec figures et 9 planches hors texte. 7 fr. 50

BIBLIOTHÈQUE
D'HISTOIRE CONTEMPORAINE

Volumes in-18 à 3 fr. 50. — Volumes in-8 à 5, 7 et 12 francs. — Cartonnage toile, 50 c. en plus par vol. in-18, 1 fr. en plus par vol. in-8.

EUROPE

HISTOIRE DE L'EUROPE PENDANT LA RÉVOLUTION FRANÇAISE, par *H. de Sybel*. Traduit de l'allemand par Mlle Dosquet. 6 vol. in-8 . . 42 fr.

HISTOIRE DIPLOMATIQUE DE L'EUROPE, DE 1815 A 1878, par *Debidour*. 2 vol. in-8 . . . . 18 fr.

FRANCE

LA RÉVOLUTION FRANÇAISE, par *H. Carnot*. 1 vol. in-18. Nouv. édit. 3 50

LE CULTE DE LA RAISON ET LE CULTE DE L'ÊTRE SUPRÊME (1793-1794). Étude historique par *Aulard*, 1 vol. in-18. . . . . 3 50

ÉTUDES ET LEÇONS SUR LA RÉVOLUTION FRANÇAISE, par *Aulard*. 1 vol. in-18. . . . . 3 50

VARIÉTÉS RÉVOLUTIONNAIRES, par *M. Pellet*, 3 vol. in-18, chacun 3 50

HISTOIRE DE LA RESTAURATION, par *de Rochau*. 1 vol. in-18. . . . 3 50

HISTOIRE DE DIX ANS, par *Louis Blanc*. 5 vol. in-8. . . . . 25 fr.

HISTOIRE DE HUIT ANS (1840-1848), par *Elias Regnault*. 3 vol. in-18. 15 fr.

HISTOIRE DU SECOND EMPIRE (1848-1870), par *Taxile Delord*. 6 volumes in-8. . . . . 42 fr.

HISTOIRE DE LA TROISIÈME RÉPUBLIQUE par *E. Zevort* :
    I. *Présidence de M. Thiers*. 1 vol. in-8. . . . . 7 fr.
    II. *Présidence du Maréchal*. 1 vol. in-8. . . . . 7 fr.

HISTOIRE PARLEMENTAIRE DE LA DEUXIÈME RÉPUBLIQUE, par *Eug. Spuller*. 1 vol. in-18, 2e édit. 3 50

LA FRANCE POLITIQUE ET SOCIALE, par *Aug. Laugel*. 1 vol. in-8. 5 fr.

LES COLONIES FRANÇAISES, par *P. Gaffarel*. 1 vol. in-8, 5e éd. . . 5 fr.

L'EXPANSION COLONIALE DE LA FRANCE, étude économique, politique et géographique sur les établissements français d'outre-mer, par *J.-L. de Lanessan*. 1 vol. in-8 avec 19 cartes hors texte. . . . . 12 fr.

L'INDO-CHINE FRANÇAISE, étude économique, politique et administrative sur *la Cochinchine, le Cambodge, l'Annam et le Tonkin* (médaille Dupleix de la Société de Géographie commerciale), par *J.-L. de Lanessan*. 1 vol. in-8, avec 5 cartes en couleurs. . . . . 15 fr.

LA COLONISATION FRANÇAISE EN INDO-CHINE, par *J.-L. de Lanessan*, 1895, 1 vol. in-12, avec 1 carte hors texte. 3 50

L'ALGÉRIE, par *M. Wahl*. 1 vol. in-8, 3e édition. Ouvrage couronné par l'Institut. . . . . 5 fr.

L'EMPIRE D'ANNAM ET LES ANNAMITES, par *J. Silvestre*. 1 vol. in-18 avec carte. 3 50

ANGLETERRE

HISTOIRE CONTEMPORAINE DE L'ANGLETERRE, depuis la mort de la reine Anne jusqu'à nos jours, par *H. Reynald*. 1 vol. in-18. 2e éd. . 3 50

LES QUATRE GEORGES, par *Tackeray*. 1 vol. in-18. . . . . . 3 50

LORD PALMERSTON ET LORD RUSSEL, par *Aug. Laugel*. 1 vol. in-18. 3 50

LE SOCIALISME EN ANGLETERRE, par *Albert Métin*. 1 vol. in-18. 3 50

ALLEMAGNE

HISTOIRE DE LA PRUSSE, depuis la mort de Frédéric II jusqu'à la bataille de Sadowa, par *Eug. Véron*. 1 vol. in-18, 6e éd. revue par *Paul Bondois*. 3 50

HISTOIRE DE L'ALLEMAGNE, depuis la bataille de Sadowa jusqu'à nos jours, par *Eug. Véron*. 1 vol. in-18, 3e éd. continuée jusqu'en 1892, par *Paul Bondois*. 3 50

L'ALLEMAGNE ET LA RUSSIE AU XIX° SIÈCLE, par *Eug. Simon.* 1 vol. in-18. . . . . 3 50
LE SOCIALISME ALLEMAND ET LE NIHILISME RUSSE, par *J. Bourdeau.* 1 vol. in-18. 2° édition. 3 50
LES ORIGINES DU SOCIALISME D'ÉTAT EN ALLEMAGNE, par *Ch. Andler.* 1 vol. in-8 . . . . 7 fr.

AUTRICHE-HONGRIE

HISTOIRE DE L'AUTRICHE, depuis la mort de Marie-Thérèse jusqu'à nos jours, par *L. Asseline.* 1 vol. in-18. 3° éd. 3 50
LES TCHÈQUES ET LA BOHÈME CONTEMPORAINE, par *J. Bourlier.* 1 vol. in-18. . . . . 3 50

ESPAGNE

HISTOIRE DE L'ESPAGNE, depuis la mort de Charles III jusqu'à nos jours, par *H. Reynald.* 1 vol. in-18 . . . . 3 50

RUSSIE

HISTOIRE CONTEMPORAINE DE LA RUSSIE, depuis la mort de Paul Ier jusqu'à l'avènement de Nicolas II, par *M. Créhange.* 1 vol. in-18, 2° éd. 3 50

SUISSE

HISTOIRE DU PEUPLE SUISSE, par *Daendliker,* précédée d'une Introduction par *Jules Favre.* 1 vol. in-8. . . . . 5 fr.

AMÉRIQUE

HISTOIRE DE L'AMÉRIQUE DU SUD, par *Alf. Deberle.* 1 vol. in-18. 3° éd., revue par *A. Milhaud.* 1897. . . . . 3 50

ITALIE

HISTOIRE DE L'ITALIE, depuis 1815 jusqu'à la mort de Victor-Emmanuel, par *E. Sorin.* 1 vol. in-18 . . . . 3 50
BONAPARTE ET LES RÉPUBLIQUES ITALIENNES (1796-1799), par *P. Gaffarel,* 1 vol. in-8 . . . . 5 fr.

TURQUIE

LA TURQUIE ET L'HELLÉNISME CONTEMPORAIN, par *V. Bérard.* 1 vol. in-18. 4° éd. *Ouvrage couronné par l'Académie française.* 3 50

—————

Jules Barni. HISTOIRE DES IDÉES MORALES ET POLITIQUES EN FRANCE AU XVIII° SIÈCLE. 2 vol. in-18, chaque volume 3 50
— LES MORALISTES FRANÇAIS AU XVIII° SIÈCLE. 1 vol. in-18. . . . 3 50
E. de Laveleye. LE SOCIALISME CONTEMPORAIN. 1 volume in-18, 11° édition, augmentée. 3 50
E. Despois. LE VANDALISME RÉVOLUTIONNAIRE. 1 vol. in-18. 2° éd. 3 50
Eug. Spuller. FIGURES DISPARUES, portraits contemporains, littéraires et politiques. 3 vol. in-18, chaque vol. 3 50
Eug. Spuller. L'ÉDUCATION DE LA DÉMOCRATIE. 1 vol. in-18.. 3 50
Eug. Spuller. L'ÉVOLUTION POLITIQUE ET SOCIALE DE L'ÉGLISE. 1 vol. in-18. . . . . 3 50
G. Guéroult. LE CENTENAIRE DE 1789. Évolution politique, philosophique, artistique et scientifique de l'Europe depuis cent ans. 1 vol. in-18. . . . . 3 50
Joseph Reinach. PAGES RÉPUBLICAINES. 1 vol. in-18. . . . . . 3 50
Hector Depasse. TRANSFORMATIONS SOCIALES. 1 vol. in-18 . . 3 50
Hector Depasse. DU TRAVAIL ET DE SES CONDITIONS, 1 vol. in-18 . . . . 3 50
Eug. d'Eichthal. SOUVERAINETÉ DU PEUPLE ET GOUVERNEMENT, 1 vol. in-18. . . . . 3 fr. 50
G. Isambert. LA VIE A PARIS PENDANT UNE ANNÉE DE LA RÉVOLUTION (1791-1792). 1 vol. in-18. . . . . 3 50
Weill (G.). L'ÉCOLE SAINT-SIMONIENNE. 1 vol. in-18. . . . . 3 50

BIBLIOTHÈQUE DE PHILOSOPHIE CONTEMPORAINE

VOLUMES IN-12.

Br., 2 fr. 50; cart. à l'angl., 3 fr.; reliés, 4 fr.

H. Taine.
L'idéalisme anglais, étude sur Carlyle.
Philosophie de l'art dans les Pays-Bas. 2° édition.
Philosophie de l'art en Grèce. 2° édit.

Paul Janet.
Le Matérialisme contemp. 6° édit.
Philosophie de la Révolution française. 5° édit.
Le Saint-Simonisme.
Origines du socialisme contemporain. 3° éd.
La philosophie de Lamennais.

Alaux.
Philosophie de M. Cousin.

Ad. Franck.
Philosophie du droit pénal. 4° édit.
Des rapports de la religion et de l'État. 2° édit.
La philosophie mystique en France au XVIII° siècle.

Beaussire.
Antécédents de l'hégélianisme dans la philosophie française.

Ed. Auber.
Philosophie de la médecine.

Charles de Rémusat.
Philosophie religieuse.

Charles Lévêque.
Le Spiritualisme dans l'art.
La Science de l'invisible

Émile Saisset.
L'âme et la vie.
Critique et histoire de la philosophie (frag. et disc.).

Auguste Laugel.
L'Optique et les Arts.
Les problèmes de la nature.
Les problèmes de l'âme.

Albert Lemoine.
Le Vitalisme et l'Animisme.

Milsand
L'Esthétique anglaise.

Schœbel.
Philosophie de la raison pure.

Jules Levallois.
Déisme et Christianisme.

Camille Selden.
La Musique en Allemagne.

Stuart Mill.
Auguste Comte et la philosophie positive. 4° édition.
L'Utilitarisme. 2° édition.

Mariano.
La Philosophie contemp. en Italie

Saigey.
La Physique moderne. 2° tirage.

E. Faivre.
De la variabilité des espèces.

Ernest Bersot.
Libre philosophie.

W. de Fonvielle.
L'astronomie moderne.

Herbert Spencer.
Classification des sciences. 6° édit.
L'individu contre l'Etat. 4° éd.

Bertauld.
L'ordre social et l'ordre moral.
De la philosophie sociale.

Th. Ribot.
La philos. de Schopenhauer. 6° éd.
Les maladies de la mémoire. 11° éd.
Les maladies de la volonté. 11° éd.
Les maladies de la personnalité. 6° éd.
La psychologie de l'attention. 3° éd.

E. de Hartmann.
La Religion de l'avenir. 4° édition.
Le Darwinisme. 5° édition.

Schopenhauer.
Le libre arbitre. 7° édition.
Le fondement de la morale. 5° édit.
Pensées et fragments. 13° édition.

Liard.
Les Logiciens anglais contemporains. 3° édition.
Définitions géométriques. 2° édit.

Marion.
J. Locke, sa vie, son œuvre. 2° édit.

O. Schmidt.
Les sciences naturelles et la philosophie de l'Inconscient.

Barthélemy Saint-Hilaire.
De la métaphysique.

A. Espinas.
Philosophie expérim. en Italie.

Conta.
Fondements de la métaphysique.

John Lubbock.

Le bonheur de vivre. 2 vol.
L'emploi de la vie.

Maus.

La justice pénale.

P. Siciliani.

Psychogénie moderne.

Leopardi.

Opuscules et Pensées.

A. Lévy.

Morceaux choisis des philos. allem.

Roisel.

De la substance.
L'idée spiritualiste.

Zeller.

Christian Baur et l'école de Tubingue.

Stricker.

Du langage et de la musique.

Coste.

Les conditions sociales du bonheur et de la force. 3º édition.

Binet.

Psychologie du raisonnement. 2º éd.
Introd. à la psychol. expérim.

G. Ballet.

Langage intérieur et aphasie. 2º éd.

Mosso.

La peur. 2º éd.
La fatigue intellect. et phys. 2º éd.

Tarde.

La criminalité comparée. 3º éd.
Les transformations du droit. 2º éd.

Paulhan.

Les phénomènes affectifs.
J. de Maistre, sa philosophie.

Ch. Richet.

Psychologie générale. 2º éd.

Delbœuf.

Matière brute et matière vivante.

Ch. Féré.

Sensation et mouvement.
Dégénérescence et criminalité. 2º éd.

Vianna de Lima.

L'homme selon le transformisme.

L. Arréat.

La morale dans le drame, l'épopée et le roman. 2º édition.
Mémoire et imagination (peintres, musiciens, poètes et orateurs).

De Roberty.

L'inconnaissable.
L'agnosticisme. 2º édit.
La recherche de l'Unité.
Auguste Comte et H. Spencer. 2º éd.
Le bien et le mal.
Psychisme social.

Bertrand.

La psychologie de l'effort.

Guyau.

La genèse de l'idée de temps.

Lombroso.

L'anthropologie criminelle. 3º éd.
Nouvelles recherches de psychiatrie et d'anthropologie criminelle.
Les applications de l'anthropologie criminelle.

Tissié.

Les rêves, physiologie et pathologie.

Thamin.

Éducation et positivisme. 2º éd.

Sighele.

La foule criminelle.

Ploger.

Le monde physique.

Queyrat.

L'imagination chez l'enfant. 2º édit.
L'abstraction, son rôle dans l'éducation intellectuelle.
Le caractère et l'éducation morale.

G. Lyon.

La philosophie de Hobbes.

Wundt.

Hypnotisme et suggestion.

Fonsegrive.

La causalité efficiente.

Carus.

La conscience du moi.

G. de Greef.

Les lois sociologiques. 2º édit.

Th. Ziegler.

La question sociale est une question morale. 2º éd.

Louis Bridel.

Le droit des femmes et le mariage.

G. Danville.

La psychologie de l'amour.

Gust. Le Bon.

Lois psychologiques de l'évolution des peuples. 2º éd.
La psychologie des foules. 2º éd.

G. Dumas.

Les états intellectuels dans la mélancolie.

E. Durkheim.

Les règles de la méthode sociologique.

P.-F. Thomas.

La suggestion, son rôle dans l'éducation intellectuelle.

Mario Pilo.

La psychologie du beau et de l'art.

Dunan.
Théorie psychol. de l'espace.
Lechalas.
Étude sur l'espace et le temps.
R. Allier.
Philosophie d'Ernest Renan.
Lange.
Les émotions.
G. Lefèvre.
Obligation morale et idéalisme.
C. Bouglé.
Les sciences sociales en Allemagne.
E. Boutroux.
Conting. des lois de la nature, 2e éd.
J. Lachelier.
Du fondement de l'induction. 2e éd.
J.-L. de Lanessan.
Morale des philosophes chinois.
Max Nordau.
Paradoxes psychologiques, 2e éd.
Paradoxes sociologiques.
Psycho-physiologie du génie et du talent.

Marie Jaëll.
La musique et la psycho-physiologie.
G. Richard.
Le socialisme et la science.
L. Dugas.
Le psittacisme et la pensée symbolique.
Florens-Gevaert.
Essai sur l'art contemporain.
F. Le Dantec.
Le déterminisme biologique.
L. Dauriac.
La psychologie dans l'Opéra français.
A. Cresson.
La morale de Kant.
P. Regnaud.
Précis de logique évolutionniste.
E. Ferri.
Les criminels dans l'art et la littérature.
Novicow.
L'avenir de la race blanche.

VOLUMES IN-8

Brochés à 5, 7 50 et 10 fr.; cart. angl., 1 fr. de plus par vol.; reliure, 2 fr.

Barni.
Morale dans la démocratie, 2e éd. 5 fr.
Agassiz.
De l'espèce et des classifications. 5 fr.
Stuart Mill.
La philosophie de Hamilton. 10 fr.
Mes mémoires. 3e éd. 5 fr.
Système de logique déductive et inductive. 4e édit. 2 vol. 20 fr.
Essais sur la Religion, 2e édit. 5 fr.
Herbert Spencer.
Les premiers principes. 10 fr.
Principes de psychologie, 2 vol. 20 fr.
Principes de biologie, 2 vol. 20 fr.
Principes de sociologie, 4 vol. 36 fr. 25
Essais sur le progrès. 5e éd. 7 fr. 50
Essais de politique. 3e éd. 7 fr. 50
Essais scientifiques. 2e éd. 7 fr. 50
De l'éducation physique, intellectuelle et morale. 10e édit. 5 fr.
Introduction à la science sociale. 1e éd. 6 fr.
Les bases de la morale évolutionniste. 5e éd. 6 fr.

Collins.
Résumé de la philosophie de Herbert Spencer. 2e éd. 10 fr.
Auguste Laugel.
Les problèmes. 7 fr. 50
Émile Saigey.
Les sciences au XVIIe siècle. La physique de Voltaire. 5 fr.
Paul Janet.
Les causes finales, 3e édit. 10 fr.
Histoire de la science politique dans ses rapports avec la morale, 3e édit. augm., 2 vol. 20 fr.
Victor Cousin, son œuvre. 7 fr. 50
Th. Ribot.
L'hérédité psychologique. 5e édition. 7 fr. 50
La psychologie anglaise contemporaine. 3e éd. 7 fr. 50
La psychologie allemande contemporaine. 5e éd. 7 fr. 50
La psychologie des sentiments. 2e éd. 7 fr. 50
L'évolution des idées générales. 5 fr

Alf. Fouillée.

La liberté et le déterminisme. 2° édit. 7 fr. 50

Critique des systèmes de morale contemporains. 3° éd. 7 fr. 50

La morale, l'art et la religion d'après M. Guyau. 2° éd. 3 fr. 75

L'avenir de la métaphysique fondée sur l'expérience. 5 fr.

L'évolutionnisme des idées-forces. 7 fr. 50

La psychologie des idées-forces. 2 vol. 15 fr.

Tempérament et caractère. 7 fr. 50

Le mouvement idéaliste. 7 fr. 50

Le mouvement positiviste. 7 fr. 50

Bain (Alex.).

La logique inductive et déductive. 3° édit. 20 fr.

Les sens et l'intelligence. 3° édit. 10 fr.

L'esprit et le corps. 5° édit. 6 fr.

La science de l'éducation. 7° éd. 6 fr.

Les émotions et la volonté. 10 fr.

Matthew Arnold.

La crise religieuse. 7 fr. 50

Flint.

La philosophie de l'histoire en Allemagne. 7 fr. 50

Liard.

La science positive et la métaphysique. 3° édit. 7 fr. 50

Descartes. 5 fr.

Guyau.

La morale anglaise contemporaine. 3° éd. 7 fr. 50

Les problèmes de l'esthétique contemporaine. 2° éd. 5 fr.

Esquisse d'une morale sans obligation ni sanction. 3° éd. 5 fr.

L'irréligion de l'avenir. 5° éd. 7 fr. 50

L'art au point de vue sociologique. 2° éd. 7 fr. 50

Hérédité et éducation. 3° éd. 5 fr.

Huxley.

Hume, sa vie, sa philosophie. 5 fr.

E. Naville.

La logique de l'hypothèse. 2° éd. 5 fr.

La physique moderne. 2° édit. 5 fr.

La définition de la philosophie. 5 fr.

Et. Vacherot.

Essais de philosophie critique. 7 fr. 50

La religion. 7 fr. 50

Marion.

La solidarité morale. 4° édit. 5 fr.

Schopenhauer.

Aphorismes sur la sagesse dans la vie. 4° édit. 5 fr.

La quadruple racine du principe de la raison suffisante. 5 fr.

Le monde comme volonté et représentation. 3 vol. 22 fr. 50

James Sully.

Le pessimisme. 2° éd. 7 fr. 50

Buchner.

Science et nature. 2° édition. 7 fr. 50

Egger (V.).

La parole intérieure. 5 fr.

Louis Ferri.

La psychologie de l'association, depuis Hobbes. 7 fr. 50

Maudsley.

La pathologie de l'esprit. 10 fr.

Séailles.

Essai sur le génie dans l'art. 2° éd. 5 fr.

Ch. Richet.

L'homme et l'intelligence. 2° éd. 10 fr.

Preyer.

Éléments de physiologie. 5 fr.

L'âme de l'enfant. 10 fr.

Wundt.

Éléments de psychologie physiologique. 2 vol., avec fig. 20 fr.

Ad. Franck.

La philosophie du droit civil. 5 fr.

Clay.

L'alternative. Contribution à la psychologie. 2° éd. 10 fr.

Bernard Perez.

Les trois premières années de l'enfant. 5° édit. 5 fr.

L'enfant de trois à sept ans. 3° éd. 5 fr.

L'éducation morale dès le berceau. 3° édit. 5 fr.

L'art et la poésie chez l'enfant. 5 fr.

Le caractère, de l'enfant à l'homme. 5 fr.

L'éducation intellectuelle dès le berceau. 5 fr.

Lombroso.

L'homme criminel. 2 vol. avec atlas. 36 fr.

Le crime politique et les révolutions (en collaboration avec M. Laschi). 2 vol. 15 fr.

La femme criminelle et la prostituée (en collaboration av. M. Ferrero). 1 vol. in-8 avec planches. 15 fr.

Sergi.

La psychologie physiologique, avec 40 fig.   7 fr. 50

Ludov. Carrau.

La philosophie religieuse en Angleterre, depuis Locke.   5 fr.

Piderit.

La mimique et la physiognomonie, avec 95 fig.   5 fr.

Fonsegrive.

Le libre arbitre, sa théorie, son histoire, 2e éd.   10 fr.

Roberty (E. de).

L'ancienne et la nouvelle philosophie.   7 fr. 50
La philosophie du siècle.   5 fr.

Garofalo.

La criminologie, 3e édit.   7 fr. 50
La superstition socialiste.   5 fr.

G. Lyon.

L'idéalisme en Angleterre au xviiie siècle.   7 fr. 50

Sourian.

L'esthétique du mouvement.   5 fr.
La suggestion dans l'art.   5 fr.

Fr. Paulhan.

L'activité mentale et les éléments de l'Esprit.   10 fr.
Esprits logiques et esprits faux.   7 fr. 50

Barthélemy Saint-Hilaire.

La philosophie dans ses rapports avec les sciences et la religion.   5 fr.

Pierre Janet.

L'automatisme psychologique, 2e édit.   7 fr. 50

Bergson.

Essai sur les données immédiates de la conscience.   3 fr. 75
Matière et mémoire.   5 fr.

E. de Laveleye.

De la propriété et de ses formes primitives. 4e édit.   10 fr.
Le gouvernement dans la démocratie. 3e éd., 2 vol.   15 fr.

Ricardou.

De l'idéal.   5 fr.

Sollier.

Psychologie de l'idiot et de l'imbécile.   5 fr.

Romanes.

L'évolution mentale chez l'homme.   7 fr. 50

Pillon.

L'année philosophique. 7 vol. 1890, 1891, 1892, 1893, 1894, 1895 et 1896. Chacun séparément.   5 fr.

Rauh.

Le fondement métaphysique de la morale.   5 fr.

Picavet.

Les idéologues.   10 fr.

Gurney, Myers et Podmore

Les hallucinations télépathiques. 2e éd.   7 fr. 50

Jaurès.

De la réalité du monde sensible   7 fr. 50

Arréat.

Psychologie du peintre.   5 fr.

L. Proal.

Le crime et la peine. 2e éd.   10 fr.
La criminalité politique.   5 fr.

G. Hirth.

Physiologie de l'art.   5 fr.

Dewaule.

Condillac et la psychologie anglaise contemporaine.   5 fr.

Bourdon.

L'expression des émotions et des tendances dans le langage.   5 fr.

L. Bourdeau.

Le problème de la mort. 2e éd.   5 fr.

Novicow.

Les luttes entre sociétés humaines.   10 fr.
Les gaspillages des sociétés modernes.   5 fr.

Durkheim.

De la division du travail social.   7 fr. 50
Le suicide.   7 fr. 50

Payot.

L'éducation de la volonté. 5e édit.   5 fr.
De la croyance.   5 fr.

Ch. Adam.

La philosophie en France (première moitié du xixe siècle).   7 fr. 50

H. Oldenberg.
Le Bouddha, sa vie, sa doctrine, sa communauté.   7 fr. 50

V. Delbos.
Le problème moral dans la philosophie de Spinoza et dans le Spinozisme.   10 fr.

M. Blondel.
L'action, essai d'une critique de la vie et d'une science de la pratique.   7 fr. 50

J. Ploger.
La vie et la pensée.   5 fr.
La vie sociale, la morale et le progrès.   5 fr.

Max Nordau.
Dégénérescence. 2 vol. 4ᵉ édition.   17 fr. 50
Les mensonges conventionnels de notre civilisation.   5 fr.

P. Aubry.
La contagion du meurtre. 3ᵉ édit.   5 fr.

G. Milhaud.
Les conditions et les limites de la certitude logique.   3 fr. 75

Brunschvicg.
Spinoza.   3 fr. 75
La modalité du jugement   5 fr.

A. Godfernaux.
Le sentiment et la pensée.   5 fr.

Em. Boirac.
L'idée de phénomène.   5 fr.

L. Lévy-Bruhl.
La philosophie de Jacobi.   5 fr.

Fr. Martin.
La perception extérieure et la science positive.   5 fr.

G. Ferrero.
Les lois psychologiques du symbolisme.   5 fr.

B. Conta.
Théorie de l'ondulation universelle.   3 fr. 75

G. Tarde.
La logique sociale.   7 fr. 50
Les lois de l'imitation. 2ᵉ éd. 7 fr. 50
L'opposition universelle.   7 fr. 50

G. de Greef.
Le transformisme social.   7 fr. 50

Crépieux-Jamin.
L'écriture et le caractère 3ᵉ éd. 7 fr. 50

J. Izoulet.
La cité moderne. 2ᵉ éd.   10 fr.

Thouverez.
Réalisme métaphysique.   5 fr.

Lang.
Mythes, cultes et religion, préface de *L. Marillier*.   10 fr.

G. Gory.
L'immanence de la raison dans la connaissance sensible.   5 fr.

Lang.
Mythes, cultes et religions. 7 fr. 50

Récéjac.
La connaissance mystique.   5 fr.

Aug. Comte.
La sociologie.   7 fr. 50

Duproix.
Kant et Fichte et le problème de l'éducation.   5 fr.

Brochard.
De l'erreur. 2ᵉ éd.   5 fr.

Chabot.
Nature et moralité.   5 fr.

Coulommiers. — Imp. PAUL BRODARD. — 487-97.